日本最大級 Makuakeが仕掛ける！

クラウドファンディング革命

面白いアイデアに1億円集まる時代

マクアケ社長
中山亮太郎

ＰＨＰ研究所

はじめに

はじめまして。私の名前は、中山亮太郎。株式会社マクアケの社長をしています。この9月までサイバーエージェント・クラウドファンディングという社名でしたが、Ｍａｋｕａｋｅというサービス名の浸透に伴い、社名もサービス名と同じにすることにしました。サイバーエージェントのグループ会社で、社名の通りクラウドファンディングサイト「Ｍａｋｕａｋｅ（マクアケ）」の運営を行っています。

早速ですが、みなさんはクラウドファンディングと聞いて、どんなことを思い浮かべるでしょうか。

「震災や災害からの復興支援のためのお金集め」「寄付金集め」

多くの人がまずイメージするのが、こうしたチャリティー的な用途でのクラウドファンディングの活用ではないでしょうか。

次に思い浮かべるのが、「インディーズ・ミュージシャンの支援」「自主製作映画の支援」。こうした、クリエイターが自らの活動を行うために、クラウドファンディングでお金を集めたという話を聞いたことがある人もいるでしょう。

2016年に大ヒットした『この世界の片隅に』は、Makuakeでクラウドファンディングを行い、2015年3〜5月、3374人から、3912万1920円を集めました。詳細は後述しますが、クラウドファンディングを始めた段階では、まだ映画化が決まっておらず、正直、これほどの金額が集まるとは、私もまったく思っていませんでした。

こうしたチャリティーやクリエイターの支援のほかにも、個人が世界一周旅行に出るための資金集めや、スポーツチームや選手を支援するためのお金集めなどにも、クラウドファンディングは使われています。

クラウドファンディングでは、お金を出す人のことを「支援者（サポーター）」と呼びますが、この「支援したい」という気持ちを集めるのが、クラウドファンディングの大きな特長です。新しい取り組みに「チャレンジしたい人」とそのチャレンジを「支援したい人」をマッチングするのが、クラウドファンディングなのです。

そして、現在、チャレンジしたい人も、支援したい人も、急速に増えています。

たとえば、ファッションに合わせてベルトを変えられるメイド・イン・ジャパンの高品質な腕時計をつくりたいというスタートアップ企業は、284人の支援者から542万4900円を集めました。

最高の馬肉を扱う、日本一の馬肉専門レストランをつくりたいというクラウドファンディングでは、506人が、合計600万2111円を払いました。

もちろん、こうしたクラウドファンディングには、「リターン」があります。新製品であれば、その新製品自体がリターンになりますし、新店であれば、そこでの食事券や会員権などがリターンになります。

「なんだ、インターネットで商品やサービスを買っているのと同じじゃないか」

そう思われた人もいるかもしれません。でも、ちょっと違います。新製品も新店舗も、それが完成する前の「試作品」や「出店計画」の段階で、支援者はお金を出しています。「こんな新製品をつくりたい」「こんな新店をオープンしたい」という人や企業に対して、「ぜひつくって!」という気持ちでお金を出す点が、単なる「購入」とは違い、まさに「支援」であり「応援」なのです。なので、支援者のことを「応援顧客」と呼んだりもします。

いかがでしょうか。クラウドファンディングに対するイメージが、少し変わったのではないでしょうか。

Ｍａｋｕａｋｅでは、クラウドファンディングを行うことを「プロジェクト」と呼びますが、現在、毎月、１００以上のプロジェクトがスタートし、その多くが目標金額以上のお金を集めています。

新製品のジャンルも、ファッションから、食品や飲料、お酒やワイン、文房具、便利グッズ、腕時計、電化製品まで、多種多様なものに広がっています。新店舗を開業する飲食店も増えていますし、もちろん、チャリティーやクリエイター、スポーツ選手などの支援にも使われています。

２０１７年7月には、とうとう1億円以上を集めることに成功したプロジェクトが出ました。これは、現時点でのクラウドファンディングによる資金調達の国内最高記録です。どんな新製品かと言えば、自転車と電動バイクのハイブリッドバイク。しかも、折りたためて持ち運べるという優れものです。どんな新製品なのか、あなたも見てみたくなったのではないですか？

これを含めて、１０００万円を超える資金調達を成功させたプロジェクトが、これまでに60件以上あります。

しかも、クラウドファンディングで集められるのは、お金だけではありません。お金も大事ですが、ひょっとするとそれ以上に大事なのが顧客——お客様です。しかも、新製品や新店のコアなファンとなってくれるロイヤルカスタマーの数が多ければ多いほど、ヒットも大きくなります。

クラウドファンディングの実行者は、支援者というかたちで、このロイヤルカスタマー候補となる人たちをお金と一緒に集めることができるのですから、まさに一石二鳥です。

ここ最近、日本では面白い新製品や新店が作られづらくなりました。それは、新しいことにチャレンジしたい人がいなかったからではありません。新しいことにチャレンジしたい人は、今も昔もたくさんいます。

では、なぜ面白い新製品や新店がつくられなかったのかと言えば、「お金がない」「売れるかどうかわからない」「広告や宣伝ができない」など、いくつかの高いハードルがあったために、リスクが大き過ぎると考えて、「やめておこう」となってしまっていたのではないでしょうか。

しかし、クラウドファンディングは、これらの高いハードルをなくすことまではできませんが、ハードルを下げることは確実にできます。


クラウドファンディングで、ある程度の資金を集められます。

クラウドファンディングで、テストマーケティングをすることができます。

クラウドファンディングで、プロモーションができます。

クラウドファンディングで、販売してくれる小売店が見つかります。

クラウドファンディングで、ロイヤルカスタマー候補を集められます。

クラウドファンディングで、支援者の生の声を聞くことができます。

クラウドファンディングで、新製品や新店をより良くするヒントが見つけられます。

これだけハードルが下がれば、「挑戦したい」という人が増えるのも、うなずけるのではないでしょうか。


しかし、ここまで来るのは本当に大変でした。Ｍａｋｕａｋｅのサイトを立ち上げてから約3カ月間で400社以上の企業を訪問し、クラウドファンディングの仕組みを説明して、「使ってみてください」とお願いしましたが、断られ続けました。

そんな苦労話も含めて、本書では、クラウドファンディングのサイト、Makuakeの過去と現在についてまとめてみました。また、未来については、まったくどうなるかはわかりませんが、私の希望や夢などもちょっとだけ述べてみました。

本書を読んで、一人でも多くの人が、新しいことにチャレンジしたくなったり、新しいことにチャレンジする人を応援したくなったりしたら嬉しい限りです。

世の中を良くする新しいチャレンジを一緒に応援していきましょう。

2017年9月

中山亮太郎

クラウドファンディング革命◉目次

1章 なぜMakuakeを立ち上げたのか

2章 新製品立ち上げプロジェクト 六つの成功ケース

3章 Makuakeを活用したサービス産業 三つの成功ケース

2 アニメ制作のまったく新しいエコシステム 142

4章 プロジェクトを成功に導くノウハウ

編集協力：坂田博史
装丁：印牧真和＋宮澤来美

1章

なぜMakuakeを立ち上げたのか

▼「あれ、身の回りに日本製品がまったくない！」

２０１０年の10月から13年の３月まで、私はベトナムにいました。サイバーエージェント・ベンチャーズという会社で、ベンチャーキャピタルの仕事をしていたのです。

仕事は忙しかったのですが、ベトナムでの生活は快適なものでした。そんなあるとき、ハッと気づいたことがあります。

「使っているテレビも、冷蔵庫も、炊飯器も、洗濯機も、エアコンも、何一つ日本製品がない！」

スマートフォン（以後、スマホ）は、ｉＰｈｏｎｅとＨＴＣ（台湾のスマホメーカー）の２台を使っていました。パソコンは、ＭａｃＢｏｏｋＡｉｒ。

日本製品を何一つ使っていない自分に気づいた瞬間から、「何で自分は日本製品をまったく使っていないのだろう」ということが、とても気になりだしました。

周りの人たちを見ると、ベトナムの人たちもあまり日本製品を使っていません。家電量販店に行っても、一番目立つところには、サムスンとＬＧの製品が置かれています。

新製品として３Ｄテレビが売られており、そこには人だかりができていましたが、それも韓国メーカーの製品でした。

なかでも驚いたのが、10万円ぐらいするｉＰｈｏｎｅを多くのベトナム人が持っていたことです。ｉＰｈｏｎｅは、アップルが正式にベトナムに進出していないため、並行輸入品なので高価でした。

現地の初任給は、２万円から３万円くらいが標準で、10万円と言えば多くの人にとって大金です。

しかし、人口約９０００万人のベトナムで、ｉＰｈｏｎｅは年間２００万台売れていると言われていました。「さすがに盛り過ぎでしょう」と思う一方、「かなり多くの人が持っている」という実感もありました。

10万円のｉＰｈｏｎｅを買えるような給料をもらっていない人がｉＰｈｏｎｅを持っていたので、「どうやって買ったの？」と聞いてみたことがあります。

「親や友達に借金して買った」

これを聞いて思ったのは、「値段が高いことは関係ない。本当に欲しいものなら、値段が高くても人は買うんだ」ということでした。「人は革新的で便利なものなら、給料の何倍でも買ってしまう」ということを、はじめてしっかりと認識したのです。

日本人も家や車を買うときは、ローンを組んで、借金をして買います。まだ働いていない学生が、何十万円もする高級ブランドバッグを買うこともあります。お金のあるなしではなく、本当に「欲しい」と思う商品であれば、人はそれが高価であっても買うのです。

そう思ったとき、「日本から本当に欲しいと思う製品が次々と生み出されているだろうか」と考えてしまいました。

自分の身の回りには、日本製品は皆無でした。販売店に行っても、先ほど述べた通り、韓国製品が幅を利かせていました。

音楽は、現地の音楽とKポップが人気でしたが、Jポップはありません。ゲームも韓国製と中国製がほとんどで、欧米のゲームが少しあるだけ。日本製を目にすることはありませんでした。

プロダクトでも、コンテンツでも、当時のベトナムには、日本製がほとんどなかったのです。

日本にいたときには、「ものづくり大国・日本」と言われるのをよく耳にしましたし、「クールジャパンが世界を席巻」などというニュースがあふれていたにもかかわらず、現実には、日本製品がほとんどなく、日本の存在感はまったくありませんでした。

「このギャップは何なんだ」

そう感じずにはいられなかったのです。

「何で日本製品に欲しいものがないのだろう？」

この素朴な疑問が、私の頭の中でグルグルと回り出しました。

▼ベトナムにネット産業を根付かせる

2年半という短い期間でしたが、サイバーエージェント・ベンチャーズのベトナム担当として、ホーチミンに住み、現地のEコマース企業やネット広告代理店、音楽共有サービスの会社など、約10社に投資を行いました。

ベトナムでは、自国製のサービスを使っていないことが多く、製造拠点ではあるのですが、ブランドと呼べるような企業は少なく、農業以外、自分たちが表に立てる産業がつくれていませんでした。

当時は、プログラミングのアウトソーシング企業が次々に立ち上がっていたのですが、それも下請けです。これでは、ベトナムの代表的な産業にはなりません。

ただ、優秀なプログラマーは多くいましたから、インターネットサービスをつくることは可能でした。インターネット事業で起業する若者は多く、そうしたインターネットベンチャーに対して、ベンチャーキャピタルとしてリスクマネーを投資しました。

同時に、海外では似たようなインターネット事業がどのような方法で成功しているのかといった参考になるノウハウなどの情報提供も行っていました。

インターネット産業は、ベトナムのみなさんにとって「自分たちが立ち上げた自国の産業」になり得ると思い、ベトナムにインターネット産業を根付かせるのだ、という使命感をもって仕事を行っていたことをよく覚えています。

▼なぜ日本から「本当に欲しいもの」が生まれないのか?

その一方で、投資できる領域はＩＰＯやバイアウトを目指していけるトレンド領域、成長領域となるため、全ての産業を網羅することが難しいという現実もありました。

ベンチャーキャピタルの投資だけでなく、銀行の融資も同じようなもので、返済の可能性が見えない企業への融資は難しくなります。

こうした既存の金融システムの構造上の観点を現場で見た経験から、新しいことを始めるにあたり、投資や融資が得られにくい領域があることは肌身でわかっていました。どんなにアイデアあふれる新製品であっても、どうしても事業としての有望性で評価しなければならないとなると、ピンポイントでの商品の面白さのみでの判断軸での支援が難しくなります。よって、ベンチャーキャピタルの投資の土俵や、銀行の融資の土俵に上がれないプロジェクトは山ほどあると感じていました。

これは日本でもほぼ同じです。スタートアップ企業の新製品はもちろん、既存企業であっても、新しい領域ではじめて出す新製品となると、途端に融資が得られにくくなります。

飲食店の開業もそうですし、映画や音楽、ゲームといったコンテンツも、過去にヒットした作品に類似したものや、ヒットを生み出した実績のある一部の人たちにしか投資や融資が行われません。その影で、埋もれてしまったり、お蔵入りしてしまっている有望なアイデアが実は山ほどあると考えるようになりました。

これまでの金融の仕組みでは、お金がなかなか集まらない領域があるのと同様に、これまでの流通の仕組みは、大量生産、大量消費に合うようにつくられているので、少量を「試し売り」したくても、なかなかできません。

大量生産するにはお金も大量にいりますし、仮に資金を調達できたとしても、その新製品が売れなければ在庫の山となってしまいます。そのリスクを考えると新製品開発に二の足を踏む経営者が多いのは当然のことなのです。

そんな、面白いものが生まれづらい日本で、どうやったら世界中の人が「欲しい」と思うような世の中の役に立つ面白いものが生み出されるのだろうか。

そんなことを考えるようになりました。

ベトナムに住んで、ベトナムのためになる企業や産業に投資を行う仕事をしていたからこそ、何か、日本のためになることをやりたい、日本を元気にしたいという想いが自然と湧いてきたのです。

「他人の国の心配をしている場合ではないのかもしれない」

そうも思いました。

▼クラウドファンディングとの突然の出合い

ある休日、ベトナムの散髪屋で髪を切ってもらっていると、スマホが鳴り出しました。出て見ると、サイバーエージェントの幹部からでした。

「クラウドファンディングって知っているか」

そう聞かれたのですが、当時は、言葉として知っているだけで、詳しいことは何も知りませんでした。ただ、パッと閃くものがあったのです。クラウドファンディングは、新しい金融の仕組みで、お金を集めることができるから、ひょっとすると新しいものが生まれづらい日本に何か役に立つ仕組みがつくれるかもしれない。

その人の話をいろいろと聞くなかで、私の妄想はどんどん大きくなり、クラウドファンディングで日本を変えられるんじゃないか、とさえ思ってしまったのです。

そして、その幹部はこう言ったのです。

「サイバーエージェント・グループとして、クラウドファンディング事業を立ち上げることが決まった。その子会社の社長をやってみないか」

それを聞いた瞬間に、私の心は決まりました。

「やります。すぐに日本に帰ります」

そう返事をしたことで、まだ社名も、サービス名も決まっていないクラウドファンディングを主な事業とする会社の社長をやることになったのです。

▼「チャリティーのため」という強力なイメージ

こうして2013年5月1日に、サイバーエージェント・クラウドファンディング（2017年10月に株式会社マクアケに社名変更）を設立し、私が創業者として社長に就任しました。

当時のクラウドファンディングに対するイメージは、人それぞれでした。高収益な金融の仕組みと考えている人もいれば、支援金や寄付金を集める社会貢献のための仕組みととらえている人もいました。だから、社長に就任したときは、いろいろな人から本当にいろいろなことを言われました。

私は日本にいなかったので欧米の情報に触れる機会が多く、クラウドファンディングは、支援金や寄付金を集めるための仕組みというよりは、新しい製品や新しい作品を生み出すなど、新しいアイデアを実現するための仕組み、これまでにない未来のものが生まれてくる仕組みというイメージがありました。

そういったイメージの中で、日本に帰ってきてから、いろいろな人の話を聞いたり、本やインターネットで調べたりするなかで、クラウドファンディングに対して、世界のステップとは異なるステップで日本に根付き始めていることがわかりました。

私の帰国当時の日本では、クラウドファンディングは、チャリティーの支援金や寄付金を集めるための仕組みとして既に広がっていました。

２０１１年３月に東日本大震災があり、ちょうどそのころにクラウドファンディングと銘打ったサービスがいくつか立ち上がり、復興のための支援金や寄付金を集めるＮＰＯ法人や個人が、クラウドファンディングを活用してお金を集めました。

復興支援プロジェクトが、多くの支援金とともに、復興を応援する声を集め、物理的にも、精神的にも大きな一助となったことは、読者のみなさんもご存知だと思います。

東日本大震災の復興支援でクラウドファンディングが日本に広く浸透し、その後も、チャリティー関係の活用が続いています。

▼インディーズを支える新しいパトロン？

同時に既に大きく広がっていた活用方法として、「インディーズの音楽や映画の支援金集め」がありました。世界的にも、「クリエイター支援」は、クラウドファンディングの一つの大きなジャンルとして確立しており、日本でも同じような活用方法が普及し始めていました。

もともと、何百年も前の時代から芸術活動に対しては、資金の出し手となるパトロンがいました。それがかたちを変えてクラウドファンディングになったと考えることもできます。

インターネットで製作資金を出してもらうようお願いできるクラウドファンディングは、一人ひとりにアポイントをとって企画をプレゼンし、資金援助をお願いして回るよりも圧倒的に便利なことは容易に想像がつきます。

一方でもう少し広く、スポーツ選手の支援やスポーツチームの支援、世界一周旅行をしたい人の支援など、個人や特定のグループを支援するためのお金を集める仕組みとしても認知が広がっていました。

これら「チャリティー」「インディーズ」「個人（または特定のグループ）」の三つを支援するための仕組みとして、クラウドファンディングという概念が日本にも既に大きく広がっており、私たちの仕組みも今も多くのチャリティやインディーズクリエイターや個人が活動資金を集めるために活用していただいています。

よく「クラウドファンディングは日本には根付かない」と言われることも多かったのですが、これら三つの領域では我々がサービスを開始した直後にも既に市民権を得ていたと思います。

▼断られた数、3カ月で400社以上

クラウドファンディングの活用は前述した特定の領域では広がりを見せていたのですが、欧米や中国と比べても驚くほど利用が進んでいなかったのが、画期的な新製品や新店舗などを生み出すための利用です。

たとえば、メーカーにクラウドファンディングの説明に行くと、「うちは、そういう製

品はつくってないんだ」とよく言われました。「そういう製品」というのは、支援や寄付できる製品や、支援金や寄付金を集めるために販売する製品などのことです。

つまり、多くの人たちは、支援や寄付に関係することでないとクラウドファンディングを使えない、もっと言うと、使ってはいけないとさえ思っていたのです。この大きな誤解が、私たちの前に大きな壁として立ちふさがっていきます。

「チャリティーではなく、革新的で面白い、思い切った新製品をつくりたいときはぜひ、Ｍａｋｕａｋｅを使ってください。Ｍａｋｕａｋｅで必要な資金を集めましょう」

こう言っていたのですが、メーカー担当者の反応は芳しくありませんでした。

多くのメーカーにとって、クラウドファンディングは自分たちのための仕組みではなく、「新製品を出すときになぜクラウドファンディングを使うの？」という感じで自分たちとは関係ないものだという考えが主流でした。

これは、飲食店もまったく同じです。なぜ、新店を出すときにクラウドファンディングを使う必要があるのか、そのメリットが何なのかがわからないため、自分たちとは関係ないものだと考えていました。

そして、実は私たちも、このころはまだ、メーカーや飲食店がクラウドファンディングを使うメリットを、「お金が集められます」ということ以外に見いだせていませんでした。だから説得力がなく、結果、クラウドファンディングの活用になかなか結び付きませんでした。

Ｍａｋｕａｋｅのサイトがオープンしたのは、13年の8月ですが、オープン当初は、新製品や新店舗などの産業界での利用がまったくされず、他の先にオープンしていた多くのサイトと比べて似ているサービスだったと思います。

しかし、一部の領域だけでの活用ではせっかくの仕組みがもったいないという確固たる思いが私たちにはあり、何とか新製品発売や新店開業などの産業界での資金集めにも貢献したいと強く願っていました。

また、お金の出し手となる支援者のみなさんにも自分たちのサービスを楽しんでもらうために、より広い領域でのアイデアをラインナップさせることはサービスの顧客体験としても必要だと考えていました。

このため、とにかくクラウドファンディングという仕組みを産業界にも使ってもらおうと考え、さまざまな企業や団体に、クラウドファンディングの説明と活用のお願いに行きました。その数、３カ月で４００社以上。

映画会社、芸能事務所、大・中・小のメーカー、飲食店など、ありとあらゆる企業や団体を訪問しました。とにかく運動量だけは落とさずに足を運んだのですが、その甲斐はまったくなく、Ｍａｋｕａｋｅのサイトはほとんど使ってもらえませんでした。

「はじめに」でも述べたように、クラウドファンディングを行うことを「プロジェクト」と呼びますが、オープンから最初の数カ月間は、月に10プロジェクトもない閑散とした状態だったのです。

ちなみに、本書では、クラウドファンディングを行う人を「プロジェクト実行者」、お金を出す人を「支援者」と呼んでいきます。

▼「知り合いからしか集まらない」という誤解

クラウドファンディングはチャリティーやインディーズ支援から日本で普及し始めたと述べましたが、実は一つ大きな悪い印象がありました。それは、次のようなものです。

「結局、友達や知り合いからしかお金が集まらなかった」

「ファンからしか集められないんじゃなあ」

つまり、知り合いやSNSでのつながりが多い人や、ファンがすでにいるアーティストしかお金を集めることができないと思い込んでいたのです。

とはいえ、情報を多くの人たちに届けることができない人、それが得意ではない人は、クラウドファンディングを利用しても望んでいるだけのお金が集まらないという現実が、残念ながら実際にありました。

これも、クラウドファンディングの活用が広がらない理由でした。

これはのちのちわかったことですが、メーカーなどの「つくる」ことが得意な人たちは、つくることのプロフェッショナルである反面、つくった製品の情報を多くの人に伝える、情報を拡散することがあまり得意ではなかったりします。

だから、アイデアあふれる新製品をつくれたとしても、その新製品の情報を多くの人に届けられないがために、ヒットにならないということがあります。

日本全体を見渡したとき、つくる能力と情報を拡散する能力は反比例しているのではないか。そう気づいたことが、その後のMakuakeの情報拡散能力の強化につながりました。こうしたプロジェクトの広報PRについては、のちほど詳しく述べさせていただきますが、情報の拡散力が高くない人でもアイデアで勝負できるサービスにできたことが他にはないＭａｋｕａｋｅの一つの魅力でもあり強みになりました。

▼地道な活動に終始した最初の1年

クラウドファンディングに対する悪い印象や、なおかつ、私たちの説明が悪かったことから、メーカーや飲食店の利用は一向に進みませんでした。

そもそも、クラウド「ファウンディング（founding）」だと思っている人もいたくらいで、クラウドファンディング（Crowdfunding）という言葉自体を、もっと広める必要がありました。

言葉のＰＲにも努めるとともに、クラウドファンディングの新しい使い方を伝えたかったのですが、それらは遅々として進みませんでした。我々の事業自体も小さく生んで大きく育てるという方針だったので、創業から最初の1年間は、本当に地道な毎日でした。

プロジェクトが思うように増えないため、それを支援する人も残念ながら増えません。支援者が増えないから、プロジェクトを行っても、お金がなかなか集まらないという、まさに負のスパイラルに陥っていたと言えます。

そんななかで使ってくれたプロジェクト実行者と支援者のみなさんには、今でも感謝しかありません。

初期のプロジェクトとしては十勝を舞台にしたインディーズ映画がＭａｋｕａｋｅを使って資金を集めてくれて、台湾の売れっ子タレントが主役になるなどの良いニュースがあったり、また、変わったところでは、サッカー日本代表のゴールキーパー、川島永嗣さんがプロジェクト実行者となった「世界に挑戦する日本人アスリートをサポートするグローバルアスリート支援プロジェクト」というのがありました。

川島永嗣さんのプロジェクトは２０１３年８月から行われたプロジェクトで、目標金額１００万円に対して、集まった金額が１７６万８１１１円。今なら、この5倍から10倍は集まると思いますが、当時としてはよく集まったほうでした。

当時は、サイトへのアクセス自体が多くなかったので、一人でも多くの人にサイトにきてもらうことが何よりも重要でした。そのため、「現在、こうしたプロジェクトが行われている」ということを、サイバーエージェントがもっているメディアが中心でしたが、記事にしてもらえるようお願いして回りました。

こうした努力の結果、何とか１７６万８１１１円を１００人の支援者から集めることができたのです。

実はスタートして間もなく「ＲＡＰＩＲＯ」というプログラミング用ロボットがＭａｋｕａｋｅを活用してくれたのですが、そのときに実行者の石渡さんが、「予約販売」であったり「マーケティング」であったりと日本のクラウドファンディングでは出てこなかったキーワードを発していました。

また、「草野球に特化した専用バッグ」を作るということで、ａｍａｄａｎａの熊本社長とプロ野球チームのユニフォームデザインを手がけるラリー大岩さんのタッグがＭａｋｕａｋｅを使ってくれたときも同じようなキーワードを発していたのですが、今考えるとメーカーの活用を促進する中で、実はもの凄い重要な言葉を発してくれていたにもかかわらず、私の頭がステレオタイプに固まっていたのか、そのときにはそのゴールデンワードを聞き逃していました。

▼「お金集め」だけではない別のメリットの発見

こうした「地道期間」が、１年ぐらい続いた２０１４年６月、一大転機が訪れました。

遠藤社長（右）と沼尾取締役（左）

それが、腕時計のスタートアップ企業であるKnotのプロジェクトです。Knotは創業してまだ3カ月ぐらいだったのですが、遠藤弘満社長はこうおっしゃいました。

「Makuakeって、資金集めだけじゃないよね」

メーカーにクラウドファンディングを使ってもらいたいと考えていたにもかかわらず、お金集め以外になかなかそのメリットを示せずにいた私たちにとって、あらためて遠藤社長の発した言葉は、「目からウロコ」でした。

遠藤社長は、Knotを創業する以前は、海外から腕時計を輸入して販売する仕事をしていたため、海外の情報にも詳しく、クラウドファンディングの有効な使い方についても、海外の事例を研究しており、日本でもクラウドファンディングをやってみたいと前々から思っていたそうです。

「なぜ、Ｍａｋｕａｋｅを使おうと思ったのですか」という私の問いに対する遠藤社長の答えは、およそ次のようなものでした。

「まだデザインやプロトタイプ（原型）しかない段階にもかかわらず、欲しいと思ってお金を出してくれる人がいっぱいいることが証明できるというのは、その後の販路の開拓に活用することもできるし、自分自身も『この商品はいける』ということがわかり自信になる。クラウドファンディングは、テストマーケティングとして大きな意味がある」

実際、Ｋｎｏｔは、Ｍａｋｕａｋｅでプロジェクトが成功したあと、販路がいくつも決まりました。銀行からの融資枠も順調に大きくすることができ、製造ラインを拡大することもできたのです。

遠藤社長の話を聞いて、「なるほど。そういうメリットがあったのか！」と私は感心してしまいました。

新製品を出すときに、その資金を集められることも重要ですが、それ以上に、買ってくれる人がいることがわかることがもっと大切で、それがわかれば、安心して製品づくりに没頭できます。

つくる前に売れる状況をつくってあげることが、クラウドファンディングにはでき、そのことが、新製品が誕生しやすくなる環境をつくることにもなります。例えばつくる前に1万人の人が買うことがわかっていたら、これほど心強いことはないでしょう。

それまで私たちは、固定観念で、クラウドファンディングのメリットは、多くの人からお金を集めることができること「のみ」だと思っていました。だから、「お金があれば何でもできる」という一方的な論理でメーカーにアプローチしていたのですが、実はそれだけではなかったのです。

メーカーにとってクラウドファンディングは、「テストマーケティング」としてのメリットもあったのです。

このことに気づいてから、それまでは、「クラウドファンディングとは何か」といったタイトルで行っていた説明を、「新製品のためのクラウドファンディング活用法」に変え、成功事例を紹介するとともに、具体的な使い方やメリットを説明することができるようになります。

▼大企業がクラウドファンディングを初活用

クラウドファンディングは、メーカーにとって、新製品のテストマーケティングができるツールであるというメリットに気がついたことで、他のメーカーにもそれを訴求することができるようになり、次々とメーカーの新製品プロジェクトが実行されるようになります。

そして、14年9月には、大手企業が新製品プロジェクトを実行しました。「FES Watch」という電子ペーパーを使った柄を変えられる腕時計で、テクニカルというよりは、ファッショナブルな切り口の製品でした。

FES Watchは、正式に事業化が決まっていたわけではなく、テスト販売としてクラウドファンディングをやってみたいということでした。

また、自社の名を出してやると、自社ブランド力なのか、製品の力なのかが判断できないということで、企業名は伏せて、特長ある製品の内容だけで勝負することにしました。

9月に行ったプロジェクトは結局、実行期間が3週間と短かったにもかかわらず、目標

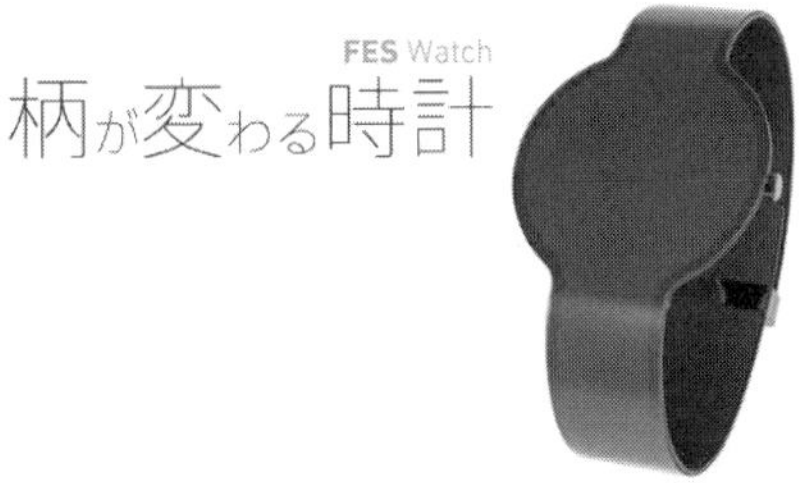

FES Watch

金額２１６万円に対して、１４０人が支援し、２９９万６８８８万円を集めることができました。

リターンには、いろいろなコースを設定しましたが、新製品を受け取れるコースは、税込み2万１３８４円でした。

また、プロジェクト終了後も問い合わせが多かったことから、追加購入を受け付けるプロジェクトを12月に再度行います。このときは、８００個限定に対して８００人が支援し、１７１７万８８１６円も集めることができたのです。これを大きな契機とし、同社はこの新製品の事業化を決めます。

クラウドファンディングは、単なるお金集めの仕組みではなく、もっと大きな価値があるものなのだということを教えてくれたプロジェクトでした。

1年目は、地道な活動に終始していましたが、2年目になってようやくメーカーという新しい花が咲き始めたという感じでしょうか。

▼「こだわり」にお金を出す、新しい生活者ニーズ

腕時計にはこだわりたい。コーヒーにはこだわりがある。牛肉を食べる店にこだわりたい。このように、人にはこだわりたいものが、一つくらいはあるものです。

こだわりのないものは、大量生産品で最低限の質が担保されている安い商品を買うのですが、こだわりのあるものに対しては、ストーリーを求めますし、つくり手に一歩でも近づきたいと思います。自分で「これは！」というものを探し出すこと自体が楽しい経験にもなります。

2年目は、こうした新しい生活者ニーズがあることに気づき始めた時期でもありました。

10年くらい前までは、流行りのものにみんなが群がる、一極集中する傾向が強かったのですが、SNSが台頭したことと、情報メディアが多種多様化したことで、趣味嗜好が急速に多様化しているのだと思います。

隣の人と同じであることが安心の源だったのが、隣の人と違っていても許されるようになり、気兼ねなく自分の趣味嗜好を表に出せるようになり、流行りを追うことが逆にカッコ悪くなってしまったのではないでしょうか。

自分のこだわりのあるものであれば、多少高くてもお金を出すように生活者の意識は変わり、しかも、この変化は急速であり、好みも本当に多種多様です。

映画『この世界の片隅に』

Ｍａｋｕａｋｅでクラウドファンディングを行った『この世界の片隅に』は、まだ映画になる前に、支援者の多くが1万円を支払いました。映画ができて映画館に見に行けば1８００円で見られるものに1万円払う人が何千人もいるというのは、以前では、ちょっと考えられなかったことではないでしょうか。

こうしたお金のつかい方の変化は、ちょっと不思議ですが、現実に起こっていることなのです。

一人ひとりは、こうした自分の意識の変化に気づい

ていないかもしれません。しかし、世の中は確実に変わってきていると私は実感していま
す。それは、Ｍａｋｕａｋｅにとっては、非常に良い社会変化です。

Ｍａｋｕａｋｅの支援者は、自分がこだわりたい分野で新しいチャレンジをする人を応援することができます。これは、普通にお店に行って買うだけではできない、これまでにない体験ができるということでもあります。

その結果、自分のこだわりのあるものについては、多少値段が高くても買いますし、ストーリーを求めます。こうしたお金のつかい方や生活スタイルが、近年、増えてきているのではないでしょうか。

また、こだわっているものについては、人は語りたくなるようです。たとえば、日本酒にこだわりがある人なら、どんな味の日本酒なのかだけでなく、どんな歴史をもつ酒蔵なのか、杜氏は誰で何にこだわってつくっているのかなど、とうとうと語ってくれます。

逆に言えば、そうしたストーリーがある日本酒を求めているとも言えます。新製品がヒットするかどうかにおいて、ストーリーの重要性は間違いなく高まっているでしょう。

▼大量生産・大量消費から、少量生産・少量消費へ

その一方で、とがった特長のある新製品は出しづらい時代でもあります。どこかで実績が出た商品であること、大量生産に耐えうるコスト構造であること、基本的に安いことなどが求められるため、そうした商品でないと投資も融資も集まりづらいという現実があります。

消費者である生活者は、とがった特長のある新製品を、こだわりをもって買いたいというように変わりつつあるのに対して、経済の仕組みは、ありきたりのものを生み出しやすいこれまでの仕組みのままです。

言い方を変えると、これまでは企業の論理でつくるものを決めていました。これを顧客の論理でつくるように変えないと、通用しなくなってきています。

しかし、在庫を切らしてはいけないとか、安定供給してくださいとか、このくらいの価格でないと売りませんといった企業ニーズや販売者ニーズ、流通ニーズに沿った製品しかつくれず、顧客の論理でつくる仕組みがありませんでした。

顧客のニーズに応える製品でないと売れなくなっているのに、それを実現する仕組みがなかったのです。

この大きなギャップを、私は最近、常に感じています。そして、この大きなギャップを解消するのが私たちＭａｋｕａｋｅの役目だと思っています。

大量生産・大賞消費の時代が終わり、より小回りの利く少量生産・少量消費の市場が、次の競争の場になっていく。クラウドファンディングは、その経済の大転換を担うことができる仕組みなのです。

▼規模を大きくすることが正義とは限らず

「上場モデル」にとらわれる必要がなくなる企業も今後多くなるのではないでしょうか。実際、大企業にならないほうがいいという考え方を持つ人もいます。

福井県鯖江市のあるメガネメーカーの人がこう言います。

「これ以上規模を大きくすると、質を保つことが難しくなる。だから、現在、自分たちの製品を喜んで使ってくれているお客様を裏切るような品質に下げてまで、会社を大きくしようとは思わない。そんなことをすると会社がおかしなことになってしまう」

これを聞いたときに、そういう価値観があるのだと、ハッとしました。それまでは、会社の規模を大きくして、IPOを行い、企業価値を最大化することが正義だと思っていました。

あるときまでは、Makuakeを使ってくれる企業にも、そうしたサクセスストーリーを歩んでほしいと思っていました。

しかしそうではなく、「年間売上3億円でもいいじゃないか。こだわりをもって、値段を下げることなく、製品価値を理解してくれる人にしっかりと届けて、従業員も幸せな生活を送れる」、そういった企業をどうやってサポートできるかを考えるようになってきたのです。

実際、そうした企業が日本にはたくさんあります。そうした企業のお手伝いをすることもMakuakeにとって、とても大切なことなのだと気づかされました。

私たち自身は大きくなること、グローバルに展開することを目指していますが、みながそれを目指す必要はまったくないのです。

「規模を求めないからこそ、いいものがつくれる」ということも大切にしなければならない価値観なのだと思います。

なぜなら、規模を求めると、どうしてもコスト競争に巻き込まれます。そうすると、安く大量につくるために、今までは日本でつくっていたものでも、海外に工場をつくることになります。そうなると品質の低下は免れません。いつしか技術レベルが下がり、以前にはつくれていた高品質の製品がつくれなくなります。

つくり手も、買い手も、喜べない状況になってしまうのです。喜んでいるのは株主だけなのです。

経営者としては、何を大切にしなければならないのか、「正義は何か」は、常に考え続けるようにしています。

▼急速に進化する中国のものづくり

世界的なクラウドファンディングのサイトとしては、アメリカのＫｉｃｋｓｔａｒｔｅｒ（キックスターター）と、Ｉｎｄｉｅｇｏｇｏ（インディゴーゴー）の２社が有名です。

急成長しているのは、中国のJDクラウドファンディング。中国はこれまで「世界の工場」と呼ばれ、ものづくりの大量生産を行う下請け工場の役割を担ってきました。

しかし、そうした製造力を生かして、いよいよ自分たちの製品、自社製品をつくるスタートアップ企業が数多く出てきています。

それらのスタートアップ企業がつくる新製品はどれも斬新で、アイデアにあふれています。中国は模倣やパクリの国だと思っている日本人が多いですが、とがった特長のあるオリジナル製品をつくれる国に変わりつつあります。中国の製造業に対しても、きちんと現実を見て、認識を改める時期にきているのではないでしょうか。

中国でもクラウドファンディングを使って資金集めやファン集めを行うなど、とがった特長のある新製品のテストマーケティングがすでに始まっています。残念ながら、日本よりも中国のほうが、クラウドファンディング市場が活性化しているのは間違いありません。

また、インターネットの技術ノウハウも中国は世界トップクラスですし、インターネット・ビジネスの広がるスピードも日本の比ではありません。日本の3倍、いや5倍以上速いかもしれません。

▼とがった特長のある新製品が日本で生まれない理由

日本も「世界の工場」と言われた時期があり、現在も、ものづくり大国であることは、まぎれもない事実です。ものづくり大国を支えてきた中小の町工場には、まだまだオリジナルのとがったアイデアも、それを製品化できる技術力もあります。

これまでは、お金がない、販売方法がない、売れるかどうかわからない、大量にはつくれないなど、ないないづくしでした。

とがったアイデアとそれを製品化する技術力はあっても、まったく新しい製品が本当に売れるかどうかが誰にもわからず、もし売れなければ大量の在庫を抱えることになります。あえて新製品に挑戦して経営を危うくするくらいなら、新製品に挑戦しない安全な道を選ぶのも、経営者としては間違った判断ではないでしょう。

ただその一方で、経営者は、新しい事業に参入したり、新製品を開発、販売することが自社を大きくするために、時代の流れに取り残されないためには大切だということも十分にわかっています。

社員も、下請けとして部品をつくるだけでなく、生活者に使ってもらえる製品をつくってみたい、その製品を使って喜んでいる人たちを見たいという思いは、みなもっていると思います。

アイデアはあるにもかかわらず、もろもろのリスクが大きいがために製品化されない。だからとがった特長のある新製品が日本から生まれなくなった、と考えることもできるのです。

▼クラウドファンディングがリスクを大幅に下げる

日本の経済状況は、ここ10年を見てもそれほど良かったとは言えないでしょう。それでも、ものが買えないほど、食べるのに困るほど困窮しているかと言えば、多くの人はそうではないはずです。ｉＰｈｏｎｅをはじめとするスマホは売れていますし、誰もが持っています。本当に欲しいものは買っているのです。

そうしたなかで、日本から大ヒット製品が生まれていないのは、とがった特長のある新製品が出せていないからだと私は考えています。

とがった特長のある新製品を出せば、それを心から欲しいと思う人がいると思うのです。とがった特長のある新製品を出せば、今まで開かなかった財布が、次々と開くようになるのではないか。そんな仮説をもっています。

とがった特長のある新製品を出す際のさまざまなリスクを下げるのが、クラウドファンディングであり、Ｍａｋｕａｋｅです。

「はじめに」でも述べたように、クラウドファンディングで、ある程度の資金を集めることができます。少量を試し売りするテストマーケティングをすることもできますし、プロモーションにもなります。

販売してくれる小売店や販売ネットワークが見つかることもあります。支援者はその後、ロイヤルカスタマーになってくれるかもしれません。

クラウドファンディングのプロジェクト中に、支援者の生の声を聞くことができますし、その声を活かして、新製品や新店をより良くすることができるかもしれません。

今までだったら出せなかった、とがった特長のある新製品が、Ｍａｋｕａｋｅがあることで次々と出せるようになる。これが私たちの理想像です。

言い換えれば、Ｍａｋｕａｋｅは、「試作品の段階で新製品アイデアを世の中にアピールできる仕組み」です。プロジェクトの反応がそのままテストマーケティングになり、プロモーションにもなり、さらに商品の魅力の証明にもなります。一連の準備プロセスがワンストップでできるのがＭａｋｕａｋｅなのです。

結果として、量産・製造する前に売上金が前金として手元に入るため、自己キャッシュの持ち出しも抑制できるというメリットもあり、資金面での効果も大きいと言えるでしょう。

▼大企業にはスーパーテクノロジーが眠っている

「本当にとがった特長のある新製品をつくる能力が日本にあるの？」

そう思われた人もいるかもしれません。しかし、大丈夫です。日本にはそれだけのポテンシャルがあります。

日本は、年間約19兆円を研究開発費に投じています。けれども、そこで研究開発した技術のほとんどは、日の目を見ることなくお蔵入りしています。その中には世界を驚かせる「国宝級」の技術がたくさんあるはずなのです。

そもそも、1年間の研究開発費に約19兆円も使っている国が世界にいくつあるでしょうか。その研究開発内容も、もちろん世界最先端ですから、22世紀の製品の卵がいっぱい埋もれていても、まったくおかしくありません。

企業も、それだけの多額の投資をしているのですから、研究開発した技術を何とか世に出したいと思っているはずですが、うまく新製品に活かすことができないでいます。

そこで私たちが考えたのが、「共同プロデュース事業」です。Ｍａｋｕａｋｅの新しい事業として、大手メーカーの新製品開発の部門や技術開発の部門と一緒になって、研究開発した技術を活かし、かつマーケットニーズに合った、これからトレンドになるであろう新製品の開発を企画しています。

企画した新製品を製造する際も、大企業の生産ラインを使うと何十万ロットという大量生産になってしまいますが、それは使わず、より小回りが利く地方のメーカーと提携して、より小ロットで小さく始める仕組みをつくって製造を開始します。

大企業といえども、売れるかどうかわからない新製品には、それほどお金を出してくれません。資金も潤沢にあるわけではないのです。

そこで、Ｍａｋｕａｋｅを使って新製品のクラウドファンディングを行います。目標金

冬単衣

額が集まれば、それが製造やプロモーションの資金になりますし、「売れる可能性が十分にある」という判断材料にもなります。

具体的な事例として、シャープが液晶ディスプレイ開発で培ってきた蓄熱技術を取り入れた「冬単衣」という日本酒があります。詳細は後述しますが、これは共同プロデュース事業として、Ｍａｋｕａｋｅがこれまでに何千件というクラウドファンディングで蓄積してきたマーケットニーズやトレンドを元に新製品開発に携わって成功した一例です。

活用方法を模索していた蓄熱技術を活かして、シャープは日本酒をマイナス２度で飲むことができる保冷ユニットとこれを包むバッグを開発しました。その一方で、マイナス２

度で一番おいしくなる日本酒を、天保11年創業の石井酒造という伝統ある酒蔵に開発してもらい、それらをドッキングしたのが「冬単衣」です。

▼マーケットニーズは、支援者の声から判断

Ｍａｋｕａｋｅが、マーケットニーズやトレンドの分析に使うのは、定量的なデータではなく、支援者の応援の声などの定性的なものです。

もちろん、支援者の性別や年齢、居住地域などの定量的なデータもあるので、それを横軸として参考にしながら、どういったトレンドが消費者に受け入れられているのかを考えています。

たとえば、支援者が書き込んだメッセージを読みながら、「どういう体験をしたいから、これを買ったのだろうか」ということを想像します。

また、「自分だったらこの製品でどんな体験をしたいだろうか」と想像することもよくやります。「これは買わないな。これまでのもので事足りるからな」という自分の本音で製品と向き合うことで、どうなったら買いたいと思うか、どんな体験ができるなら買うか

を考えることができるのです。

現在は、プロジェクト数が大幅に増えたこともあって、マーケットニーズやトレンドの分析を行うノウハウがどんどん蓄積されています。

大企業メーカーなどは、私たちなどよりもマーケットニーズやトレンド分析のプロなので、そうした人たちの知見も交えつつ、一緒に消費者があっと驚くような新製品をつくっていきたいと考えています。

▼大企業と地方の中小メーカーがコラボ

大企業に研究開発による新しい技術が眠っているということは、日本のポテンシャルの大きさを示す一つの象徴だと思っています。

次の事業や新製品を生み出すために、莫大な研究開発費が投じられている現在の状況は、歴史的に見ても非常にまれなことではないでしょうか。にもかかわらず、それらの技術が日の目を見ずに眠っているというのは、冷静に見て不思議な状況だと思うのです。

そうした「国宝級」の技術が世に出てくることで、もっと世の中が面白くなるし、良くなると考えるのは理にかなっているし、そのための仕組みとしてＭａｋｕａｋｅが新たな価値を発揮できたらいいな、と考えています。

共同プロデュース事業は、「世界で一番新しい事業や製品を生み出す」という私たちの軸足からぶれていないですし、「世界をつなぎ、アタラシイを創る」という私たちのビジョンからもずれていません。むしろ、それらを加速させるための新事業になっています。

大企業と中小企業をマッチングして、アウトプットのイメージまで共有して新製品開発を行うというのは、これまでにあまり前例がないのではないでしょうか。

それが可能なのは、Ｍａｋｕａｋｅを使ってプロジェクトを行ってくれている中小メーカーなど、多種多様な企業との接点があるからです。

だから、シャープという大企業メーカーと、天保11年創業の石井酒造という伝統ある酒蔵をコラボレーションさせることができたのです。

▼なぜ地方銀行や信用金庫と連携するのか？

Ｍａｋｕａｋｅを使ってくれる中小メーカーは、地方に多く、地方活性化にも役立っていますが、私は「日本の活性化」に貢献したいという想いがあります。日本の活性化のためには、総力戦で戦う必要があり、東京一極では絶対に勝てないと思っています。

さらに言うと、価値あるものをつくれる企業や人が、全国津々浦々にびっくりするほど散らばっていることを実感しています。

したがって、結果的には地方活性化にもなるのですが、意図としては日本のポテンシャルを最大限引き出すためには、47都道府県すべての力を100パーセント発揮する必要があると考えています。

インターネットのスタートアップは、東京が中心だと言っても過言ではない状況ですが、それ以外の領域に関しては、むしろ東京以外にも魅力あるものがたくさんあります。

そうした地方の中小メーカーが、とがった特長のある新製品を出して、どんどん成長できれば、その地元に雇用も増えます。雇用が増えれば、人口が増え、街のサービスが増え、自治体の税金も増えるでしょう。そうなれば、公共的なサービスを充実させることもできます。プラスのスパイラルを生めるのです。

地方の中小企業であっても、新製品にチャレンジできる環境をいかにつくっていくか。このための支援策はいろいろあると思いますが、Makuakeが行っているのは、地方銀行や信用金庫との連携です。

地方にも、新しい製品を出したいという企業はたくさんあります。そのために地元の銀行や信用金庫に相談に行くのですが、銀行や信用金庫もその新製品が本当に売れるのか、顧客ニーズがあるのかがわかりづらいときもあります。融資するかどうかの判断材料が乏しいという現実があるのです。

そこでＭａｋｕａｋｅを使って、新製品のクラウドファンディングを行います。それがテストマーケティングやプロモーションとなります。目標金額以上のお金を集められれば、新製品にはある程度のニーズがあることが証明されます。もちろん、集まったお金は、新製品の生産に使うことができます。

それに加えて、支援者の声などが、銀行や信用金庫にとっては、融資を行うかどうかの判断材料の一つになります。

地元の中小企業を支援することが使命の地方銀行や信用金庫にも、新製品にチャレンジしたい地方の中小企業にも、それらすべてを支援したい私たちＭａｋｕａｋｅにもメリットがあり、良い関係が築けるのです。

現在、Ｍａｋｕａｋｅは70以上の金融機関と連携を行っています。これについても、のちほど、さらに詳しく述べたいと思います。

▼クラウドファンディングのプラットフォームへ

初年度である2013年8月からの1年間に比べて、直近の1年間（16年8月〜17年7月）は、支援者の人数、金額とも30倍以上に増えています。

伸びとしては、ここ1年が非常に大きく、その理由としては、支援者が欲しいと思う新製品や面白いと思うプロジェクトが増えてきたからだと思います。

欲しいと思う新製品や面白いと思うプロジェクトが増えることで、支援者が多く集まるようになり、支援者が多く集まることでお金もたくさん集まるようになり、新しいことにチャレンジしたい人たちがさらに集まってくるという「プラスのスパイラル」が回り始めたのが、ここ1年です。

15年3月からプロジェクトが始まり、3374人の支援者から3912万1920円を集めた『この世界の片隅に』は、クラウドファンディングのプロジェクト期間中から話題を呼び、16年11月に映画が公開されると大ヒットになりました。そして、日本アカデミー

glafitバイク

賞の最優秀アニメーション作品賞を受賞しました。

Ｋｎｏｔは、東京、横浜、大阪、神戸といった日本国内だけでなく、すでに台湾にも3店舗出店しています。

17年7月には、自転車と電動バイクのハイブリッドバイク「ｇｌａｆｉｔバイク」が1億円を突破。プロジェクトが終了する8月末までに1億２８００万４８１０円を集めることに成功しました。これは、日本における現時点でのクラウドファンディングによる資金調達の最高記録です。

これを含めて、１０００万円を超える資金調達に成功したプロジェクトが、これまでに60件以上あります。

こうしたプロジェクトの大成功が増え、それがニュースになることも多くなったのですが、まだまだＭａｋｕａｋｅの仕組みが世の中の隅々に届いてないと思っています。

日本のクラウドファンディング市場はまだまだこれからの市場ですが、新製品分野では市場の6割のシェアをＭａｋｕａｋｅが占めています。新店舗の開業分野は、市場がまだ小さいですが、おそらくこちらも6割以上のシェアを占めているでしょう。

単なる「お金集めのクラウドファンディング・ツール」から、「新しいことに挑戦する人とその支援者をマッチングするクラウドファンディング・プラットフォーム」に変わったと言えるのではないでしょうか。

クラウドファンディングは、ファンもしくは知り合いからお金集めをする便利なツールに過ぎませんでした。そこから、いかに不特定多数の人たちに広げるかということに、私たちは挑戦してきました。

アイデアがあっても、そのアイデアを面白いと思ってくれる人を見つけられないという課題がありました。その課題を、アイデアがあって、そのアイデアを実現したい人と、そのアイデアを面白いと思い支援したい人たちとをインターネット上でマッチングすることで解決するのがクラウドファンディングであり、Ｍａｋｕａｋｅが目をそらさずに、これまでやり続けてきたことなのです。

また、地方の中小メーカーや飲食店の人たちは、必ずしもインターネット・リテラシーが高い人ばかりではありません。そうしたインターネット・リテラシーが高くないけれどもアイデアがあり、そのアイデアを実現したい人と、それを支援したい不特定多数の人たちをどうマッチングするのかということにも、目をそらさずに不断の努力を続けてきました。

インターネット業界は、インターネット・リテラシーが低い人にサービスを使ってもらうことが、ひどく苦手です。リテラシーの高いユーザーに対しては難なくアプローチできても、インターネットリテラシーの低いユーザーにはなかなかアプローチできないという現実があります。その課題に対しても覚悟を決めてアプローチしてきました。

日本にはクラウドファンディングのサービスを提供する会社がいくつかありますが、こうしたことを行ってきたのは唯一私たちだけだと思います。

▼新しいことにチャレンジする人をあらゆる面で支援

さらに言うと、Ｍａｋｕａｋｅが目指すのは、お金を集めるためだけのサイトではなく、新製品をつくりたい人と、それを販売したい人をマッチングしたり、あの企業と一緒に新製品開発をやってみたいという人をマッチングしたりできるように進化させることです。

実際、アナログの世界では、「この商品を自分の店で売りたい」といった要望がすでにあり、それにできるだけ応えています。こういったニーズがより大きくなれば、人と人、人と企業、企業と企業をインターネット上でマッチングすることもできるでしょう。

「新しいことを始めるときに必要なものが、すべてマッチングできるようになる」

これが私たちの目指すところです。

もちろん、それを日本だけでなく、グローバルに展開したいという計画もあります。世界で一番新しい事業や製品、店などが生み出される場にしたいと思っています。

「世界をつなぎ、アタラシイを創る」というビジョンの実現に向けて、いろいろなサービスを提供していきたいと考えています。

朝起きるときの目覚まし時計もＭａｋｕａｋｅで生まれた製品で、歯ブラシや歯磨き粉、朝食のサラダのドレッシングも、衣服も、腕時計も、パソコンもＭａｋｕａｋｅで生まれた製品、おやつのお菓子も夜のお酒もおつまみもＭａｋｕａｋｅで生まれた製品、たまに行くレストランやカフェもＭａｋｕａｋｅで生まれたお店といった「Ｍａｋｕａｋｅ生活」ができるくらいにさまざまな製品やお店、コンテンツなどを新たに生み出していければと思っています。

単なるクラウドファンディングを超えて、テストマーケティングやクラウドマッチングなどを行うことで、新しいことに果敢にチャレンジする人や企業をもっともっと支援していきたいのです。

そして、それと同時に、生活者である支援者の新しいニーズ——こだわりたい、応援したい、新たな体験をしたいという期待にも応えていきたいと思っています。

2章

新製品立ち上げプロジェクト六つの成功ケース

▼「購入」と「支援」の違い

はじめに、Ｍａｋｕａｋｅにおけるクラウドファンディング・プロジェクトの基本的なことを紹介したいと思います。

プロジェクトの支援金額のボリュームゾーンは1万円前後で、最低金額は５００円、上限はありません。

２０１５年1月に、２９７６万６９６０円を集めた３Ｄプリンタは、26万１３６０円のコースに38人、28万５１２０円のコースに10人といったように、高額であってもその製品の品質がそれに見合えば、支援者は出てきます。必ずしも、高額だから集まりにくいということではないのです。

クラウドファンディングは、まだ量産に入っていない新製品を支援するかたちをとっているため、本当にページに書かれている通りの品質の製品が手元に届くのか、不安を感じる人もいるかもしれません。しかし、店頭で買う場合も、Ｅコマースで買う場合も、実はそれは同じなのです。クラウドファンディングだけが、信頼性に劣るということはありません。

特に、実際に現物を見て触って買うわけではないという点では、Eコマースとまったく同じです。それを理解しているから、高額な製品でも支援者が集まるのでしょう。

確かに、量産前に支援金を集めるため、実際の製造過程に入った段階で仕様やデザインが多少変更されることはあります。その場合は、「これこれの理由で、こういうふうに変更しました」という情報を支援者に送れる「活動レポート」という仕組みもあります。

これまでのプロジェクトを見ていると、変更の多くは、悪くなるよりも、より良くなる改良内容の変更です。

こうした変更も含めて、これまでにない、まだ完成していない製品を買うという体験を支援者は楽しんでいます。すでに大量に完成品がある製品ではなく、まだ世界のどこにもない製品を自分は買い、そのまったく新しい製品をつくる人や会社を自分は支援している、という体験が、店頭やEコマースで買う場合との大きな違いです。たんなる購入ではないのです。

▼支援者と実行者がコミュニケーションできるのも魅力

支援者は、プロジェクト実行者に対して「応援コメント」を書くことができます。多くの支援者が、「応援しています」といったシンプルなものも含めて、何らかの応援コメントを書いてこられます。なぜ支援するのか、その理由をしっかりと書く人もいます。

こうした支援者と実行者の距離感が近く感じられるのも、クラウドファンディングの魅力の一つです。支援者にとって、製品や飲食店をつくる人に近づけるのは嬉しいことですし、製品や飲食店をつくる人にとっても、その製品や飲食店を買ったり使ったりしてくれる人が近くに感じられることは、心強いことだと思います。

クラウドファンディングの支援者は、「応援購入」をしているのであり、「応援顧客」になるのです。

応援コメント欄に「もう少し軽いといいですね」「こんな工夫ができるかもしれませんよね」といった、ちょっとした思い付きを支援者が書き、それを読んだ実行者が、それを実際に製品に反映させたこともあります。

「Ｑｒｉｏ　Ｓｍａｒｔ　Ｌｏｃｋ」というスマートロックは、支援者の声を参考にしてアプリの仕様やデザインをブラッシュアップしていきました。簡単に言うと、想定していた以上に鍵の種類が多いことがわかり、どんな形の鍵にも対応できるように改良していったのです。

製品を量産してしまうと、仕様やデザインの変更はできませんが、量産前ならこのように改良することも可能です。

メーカーにとって、顧客ニーズにぴったり合致しているかどうかは非常に重要で、もちろん事前に調査するわけですが、それでも完全に合致させることができずに、量産して販売してから顧客ニーズのヌケモレが見つかるというリスクがあります。

しかし、クラウドファンディングなら、支援者の声に耳を傾けて改良をすることで、そのリスクを減らすことができるのです。これはその好事例です。

納品の時期は予定よりも遅くなりましたが、品質は明らかに高まり、量産後のお客さんをより多く得ることにつながったと思います。

このようにプロジェクト中はもちろん、プロジェクト終了後も、活動レポートページで製造の進捗状況などを報告し、それに対して支援者がコメントすることもできます。

実際に製品が支援者の手元に届くまで、新製品ができるまでの進捗を見るというのも、支援者にとっては特別な体験で、こうしたコミュニケーションがとれるのもＭａｋｕａｋｅの特長です。

実行者と支援者がコミュニケーションをとることで、より距離感が近づきます。実行者は励まされることで勇気づけられます。支援者は、実行者が頑張っているレポートを読んでより期待感が高まったり、より熱心なファンになったりします。ファンづくりの効果もあるのです。

活動レポートページは、支援者以外も見られるオープンな情報ですが、クローズ情報を実行者が支援者に伝えたい場合、たとえば、会員制のレストランの住所や電話番号、予約サイトのアドレスなどは、支援者のみに対して一斉にメールを送れる機能もあります。

プロジェクト実行者が支援者への活動レポートを忘れないように、アラートメールが届くシステムもありますし、担当者が「そろそろ何か新しい情報を出しませんか」と連絡することもあります。

▼担当者を「キュレーター」と呼ぶ理由

プロジェクト実行者のお手伝いをする弊社の担当者を「キュレーター」と呼んでいます。一般的にキュレーターというと、博物館や美術館において収集する資料の鑑定や研究をする人のことですが、Ｍａｋｕａｋｅのキュレーターは、目利きというよりも編集者に近いかもしれません。新しい職業として定着させたいと思い、私どもではキュレーターと呼んでいます。

アイデアが面白いものであっても、つくり手の中には、その面白さをうまく発信することができない人がいます。そこで、作家に対して編集者がいろいろ手助けするように、プロジェクト実行者の編集者として、キュレーターが、その新製品の魅力を引き出し、発信するためのアドバイスを行ったり、ターゲットユーザーにどうアプローチしていくかを一緒に考えたりします。

編集者が面白い書き手を常に探しているように、キュレーターは面白いつくり手を常に探しています。面白い魅力あふれる製品を出しているメーカーを見つけたら、「新製品を出すときは、ぜひＭａｋｕａｋｅを活用ください」という営業活動も行っています。

キュレーター以外に、新製品や新店の魅力や特長をターゲットユーザーに伝えるためのＰＲ戦略を担う、ＰＲマーケティング専門の担当者がいます。新聞、テレビ、ラジオ、雑誌、ウェブなど、あらゆるメディアと日々、関係を築き、新製品や新店のアイデアの特長によってメディアを選んで情報を発信しています。

各メディアによって欲しい情報は違いますから、それに向き合い、そのメディアが欲する情報を発信していくことを心がけているのです。ＰＲマーケティング担当者は現在、６人です。

他方、Ｍａｋｕａｋｅの会員に対しても、その新製品や新店の情報に関心がありそうな人にプロジェクト情報をメール配信しています。

たとえば、時計好きで、時計の新製品プロジェクトがあったら必ず見たいという人がいたら、あらかじめ「お気に入り」として時計のカテゴリーを登録しておけば、時計関連のプロジェクト情報をすべて、メールで受信できるようになっています。

これは、17年7月から始まった新しいサービスですが、「ガジェット」「バッグ」「アート」「アイドル」「アニメ」や「肉」や「日本酒」などさまざまな領域をカバーしており、現在、200以上のカテゴリーが設定されています。

既存会員さんからの、「このプロジェクト支援したかったのに、すでに終わっている。見逃した！」という声を基に考え出されたサービスです。

新しいプロジェクトの情報拡散のサポートとして、それに興味を示すであろう外部（メディアなど）へのリーチと、内部（支援者など）へのリーチの両方を行っているのです。

1 スタートとしてのファッション新製品

▼ブランドより製品自体のストーリー

それでは、Makuakeで実際に行われたクラウドファンディングの代表的なプロジェクトを具体的に見ていきたいと思います。

最初に紹介したいのが、私たちに〝クラウドファンディングのメリットは「お金集め」だけではない〟ということに気づかせてくれた、新進気鋭の腕時計ブランドＫｎｏｔです。そこで、ファッションメーカーの事例からスタートします。

これまでファッションは、ブランドをいかに浸透させるかが勝負で、いわば「ブランドファースト」でした。

しかし、現在の消費者は、ブランドのストーリーよりも、製品自体のストーリーに価値を置き始めています。

ですから、ブランドが構築できていない企業であっても、製品の機能や品質のストーリーで勝負ができる時代になったと言えるでしょう。そうした無名に近い企業が、高品質、高機能なファッションの新製品を生み出すのに、Ｍａｋｕａｋｅが絶大なる効果を発揮しています。

▼Ｍａｋｕａｋｅを大きく前進させた画期的な成功

Ｋｎｏｔは、２０１４年３月創業で、その３カ月後の６月13日からＭａｋｕａｋｅでクラウドファンディングを開始しました。結果は、目標金額108万円に対して、542万4900円。支援者は284人です。

メーカーがクラウドファンディングを利用することが、まったく当たり前ではなかったときに挑戦してくれ、見事に大成功をおさめた事例です。

Knotの遠藤弘満社長とMakuakeのメンバーが最初に出会ったのは、あるイベントでした。「ベルトを着せ替えられるメイド・イン・ジャパンの腕時計をつくってビジネスにしていく予定だ」という話を聞き、「Makuakeを使いませんか」と打診しました。

遠藤社長は、たまたまアメリカでのクラウドファンディングの活用のされ方を知っていたので興味をもってくれ、利用してくれました。

創業から間もないこともあり、時計の試作品（プロトタイプ）もまだ数本しかなかったのですが、Makuake上にクラウドファンディングのページをつくり、掲載をスタート。順調に支援金額を伸ばし、瞬く間に目標金額の108万円を突破し、最終的には500万円を超える542万4900円を集めました。支援者は284人。当時としては、画期的な成功事例となりました。

knotの腕時計

２０１４年当時は、１プロジェクト当たり、１カ月で集まる金額は平均すると20万円台に過ぎませんでした。現在は、平均すると1カ月で１００万円以上の金額を集めています。

ファッショに合わせて時計のベルトを着せ替えられるという特長、メイド・イン・ジャパンという高品質、製造モデルの工夫から可能にした中間流通を排除した価格設定など、Ｋｎｏｔの腕時計のこうした特長とストーリーのすべてが、ターゲットユーザーに受け入れられたのです。それがＭａｋｕａｋｅの活用結果でわかりました。これによって、製造量産化の前に販路の開拓が進み、銀行融資の話も進み始めたのです。

Ｋｎｏｔの目的は、資金を集めるだけではなく、顧客ニーズがあることを証明することでもありました。テストマーケティングとしての実績をつくりたかったのです。

私が直接遠藤社長と話したのは、500万円以上集めたプロジェクトのあとでしたが、このテストマーケティングも目的の一つだったという話を聞いたときに、「何だ、それは！」と、正直なところ驚きました。

メーカーにとってクラウドファンディングという仕組みは、量産する前に世の中の反応を見ることができてしまう、実際に買うかどうか、その商品にお金を払うかどうかという反応が見られる、この上ないテストマーケティングのツールだと言われ、目からウロコが落ちたのです。

これ以後、メーカーに対しては、Ｍａｋｕａｋｅは新製品のテストマーケティングに使えるということを強調するようになりました。そうすると、相手は聞く耳をもってくれるようになり、クラウドファンディングの、メーカーにとっての魅力やメリットを感じてくれるようになっていきます。

▼他にはない特長があることが成功の鍵

なぜＫｎｏｔは、新製品のクラウドファンディングの実績がないときに、５００万円以上ものお金を集めることができたのでしょうか。

大きな理由としては、お客さんが欲しいと思う製品だったことです。

サイト上で強調したのは、メイド・イン・ジャパンの質の高いものづくりで腕時計をつくる点と、ベルトがファッションによって着せ替えられるという点、中間流通のムダを省くことで高品質でありながら2万円を切る価格設定を可能にした点の3点です。

Ｍａｋｕａｋｅは、サイバーエージェントの子会社なので、メディアへアプローチするPR力は、もともとある程度ありましたが、どんなにＰＲしても、製品に面白い特長がなければ、メディアはとりあげてくれません。

しかし、Ｋｎｏｔの腕時計には、メイド・イン・ジャパンにこだわり、ベルトの着せ替えができ、高品質なのに良心的な価格という特長があったため、多くのメディアがこのクラウドファンディングをニュースとしてとりあげてくれました。

また、時計好きの人たちには、口コミで広がっていったようです。

それまでのクラウドファンディングは、「何かに困っているから助けてください」というものが多かったのですが、Ｋｎｏｔの場合は、「こんな面白いものをつくろうと思っているのだけれども、みんなはどう思う？」という問いかけでした。これにワクワク感を覚えた人が、支援者になったのです。

▼社長の考えに共感した人が支援者へ

ものづくりへのこだわりや経営者の考え方などを知り、それに対する賛同や共感から、その会社やブランドのファンになるということがあると思います。

Ｋｎｏｔのページでは、遠藤社長が自分の想いを語った動画を掲載しました。これも支援者を増やした要因の一つです。

日本には、大手時計メーカーの下請け工場が多数ありましたが、より安くつくる必要に迫られ、その多くが製造現場を中国やベトナムなど海外に移しました。これにより事業が縮小してしまった工場が多くあります。

しかし、こうした下請け工場の製造の品質は、世界的に見てもトップクラスなのです。そこに目をつけて、しっかりとしたものづくりをしてもらえるように、遠藤社長が全国津々浦々の工場を回って協力をお願いした、という話を動画でされています。

実際、大手時計メーカーの高品質腕時計の製造を任されている工場も、Ｋｎｏｔの製造パートナーとなっています。ですから、Ｋｎｏｔの腕時計の品質は、本当にトップオブトップなのです。

こうした、ものづくりへのこだわりや遠藤社長の考え方などを知ったことで、私自身、Ｋｎｏｔの大ファンになり、腕時計をいつも身につけています。

今までは、消費者が新製品と出合うのは、「店でたまたま見かけて」ということが多かったのではないでしょうか。しかし店頭では、ここまで丁寧に自分たちの新製品のストーリーを発信することはできませんでした。それができるという点も、Ｍａｋｕａｋｅの特長の一つです。

写真はもちろん、遠藤社長のように動画をサイトに掲載することもできます。また、コンセプトムービーをつくって掲載するなど、ストーリーの表現手段が幅広いのもネットならではでしょう。

正直に言いますと、この14年の段階では、遠藤社長と、わが社のキュレーターが話し合ってサイトづくりを行いましたが、Ｋｎｏｔの成功は、遠藤社長のセンスによるところが大きかったように思います。

今でこそ、約３０００件を超える新しいアイデアと向き合ったことで蓄積されたノウハウがありますが、このときはまだまだこれからというときでした。その意味でも、私たちＭａｋｕａｋｅが、新製品プロジェクトのスタートラインに立てたのはこのときからなのです。

▼2回目のプロジェクトで1000万円超え

Ｋｎｏｔは、Ｍａｋｕａｋｅでのクラウドファンディングに成功したことで、顧客ニーズがあることを証明し、いきなり最初の新製品で、全国１００店舗超への販路を開くことができました。創業前に遠藤社長は、腕時計の輸入を手掛けていたので、販売店への多少のつてはありましたが、だからと言って、自分たちがつくった腕時計を取り扱ってくれるか否かは未知数だったのです。

販路が拡大すると、生産体制を拡大させる必要が出てきます。運転資金がより多く必要になり、そこで銀行に融資をお願いするのですが、普通なら創業1年未満のたいした実績もない企業に対して簡単に融資はなされません。ところが、Ｋｎｏｔへの融資は、すぐに決まりました。銀行が融資の判断材料の一つとしたのが、Ｍａｋｕａｋｅでの実績でした。これにより事業を一気に拡大することができたのです。

そして、2回目のクラウドファンディングを、東京・吉祥寺にフラッグショップをつくるために行います。これも新店をつくる資金を集めるためというよりは、よりお客さまとの距離を縮めるファンづくりが目的でした。

最初のプロジェクトでも、支援者と積極的にコミュニケーションをとり、試作品のお披露目イベントを開催するなど、さまざまなＣＲＭ（カスタマー・リレーションシップ・マネジメント）を展開することでファンづくりを行っていました。

そうした結果、新製品が支援者に届いたときの感動も大きくなり、支援者がどんどんロイヤルカスタマーになっていきました。良い評判が良い顧客をさらに呼び込むというプラスのスパイラルをつくることができたのです。

こうしたロイヤルカスタマーのファンとしての熱量を上げ、Ｋｎｏｔに対して自分がより近い距離にいる、より貢献しているという感覚をもってもらい、一緒に成長していきたいというのが2回目の意図でした。

このため、支援者へのリターンには、シリアルナンバー入りの限定モデルの腕時計や永久会員権などを設定します。そして、2回目のプロジェクトは、目標金額３２４万円に対して１１８１万３４０円、支援者は５１７人という１０００万円超の大成功に終わったのです。

クラウドファンディングには、こうしたファンづくりやファンの熱量を上げる使い方もあるのだということを教えてくれたのも、Ｋｎｏｔのプロジェクトでした。

▼新製品をつくりたい人は全国津々浦々にいる

次に、Ｋｎｏｔとは違った新しい気づきを私に与えてくれた事例を紹介します。

岡山県倉敷市の児島地区は、「ジーンズの聖地」と呼ばれるほど、ジーンズづくりが盛んなところです。

そこで「児島ジーンズ」というブランドの製品を、１９９６年からつくっている株式会

ケブラー繊維でつくった児島ジーンズ

社フックが、児島ジーンズのブランド力や認知度をさらに高めようと、「ケブラー繊維」を横糸に織り込むことで、世界一丈夫なジーンズをつくりたいという想いでプロジェクトを行いました。

ちなみに、ケブラー繊維は、鋼鉄の5倍の強度をもつ大変丈夫な繊維で、警察の防弾ベストの素材としても使われています。

目標金額100万円に対して、集まった金額は269万円でした。支援者は246人。プロジェクト期間は2015年11月から約2カ月でした。

児島ジーンズの品質の高さを知っていた人だけでなく、「ケブラー繊維でつくったジーンズってどんなものなんだろう」と、好奇心をくすぐられた人たちも支援したからこそ、これだけ集まったのだと思います。

このプロジェクトを紹介したい理由は、二つあります。一つが「地方の底力」に気づかせてくれたこと。もう一つが「既存メーカー」が本業の新製品を出すときにもＭａｋｕａｋｅが使えるという、当たり前と言えば本当に当たり前のことに、気づかせてくれたからです。

これまで日本のものづくりを支えてきたのは、実は地方のメーカーです。47都道府県、それぞれにさまざまなものをつくるメーカーがあり、その中には、小さいけれども技術力の高いメーカーがまだまだたくさんあることに気づかされました。

私自身が岡山県にあまり縁がなかったこともあり、岡山がジーンズ生産のメッカであることをまったく知りませんでした。しかし、ジーンズ好きは、岡山のジーンズに注目をしていたのです。こうした、知る人ぞ知る産業を全国に向けて発信することもＭａｋｕａｋｅにできることであり、やりたいことなのだと気がつきました。

また、クラウドファンディングは、スタートアップ企業が資金集めのために活用するイメージが強くありましたが、このプロジェクトは、すでに20年続いているファッションメーカーが本業においてアイデアあふれる新製品をつくるときに活用した成功事例となりました。

インターネットにつながっているわけでもなく、空を飛ぶわけでもない、普通のファッションアイテム製品がＭａｋｕａｋｅを使ってくれたことが大変印象的でした。

Ｋｎｏｔもそうでしたが、私の中でスタートアップに囚われていた面があり、「何だ、既存メーカーもクラウドファンディングを使って成功できるんだ」「クラウドファンディングは、既存メーカーが本業の新製品を出すときにも使えるツールだったのか」ということに気づいたことで、プロジェクト実行者のすそ野が大きく広がっていきました。

このプロジェクト以後、地方の小さな既存メーカーであっても、クラウドファンディングなら新製品開発ができるという説明を積極的に行うようになりました。既存メーカーの新製品プロジェクトが次々行われるきっかけになったのが、このプロジェクトだったのです。

このプロジェクトが行わる前から、すべての生活者向けの新製品アイデアは、試作品の段階でＭａｋｕａｋｅを活用するメリットがあると考えていましたが、その考えが間違いではないと、自信をもつきっかけにもなりました。

▼旅人の希望をかなえた超機能的なパーカー

Ｍｏｎｓｔｅｒｓ　Ｐｒｏ　Ｓｈｏｐ（モンスタープロショップ）というデジタルメディアとメンズファッションブランドのＶＡＮＱＵＩＳＨ（ヴァンキッシュ）が組んで開発したのが、アマゾンの奥地の旅も快適にできるという、旅人向けの多機能パーカー「ＰＯＳＥＩＤＯＮ（ポセイドン）」です。

この新製品プロジェクトは、17年1月から3月に行われ、目標金額１００万円に対して、９３２万５０００円を支援者６２０人から集めました。

デジタルメディアとファッションメーカーがコラボレーションしている点もユニークですし、Ｍｏｎｓｔｅｒｓ　Ｐｒｏ　Ｓｈｏｐに寄せられた旅人たちの「こんなパーカーが欲しい」という希望をかなえるために新製品開発を行った点も非常に面白いと思います。

ＰＯＳＥＩＤＯＮには、パスポートやスマホなどを収納したり、取り出したりしやすい胸ポケットがついていたり、突然の雨や強烈な日差しにも対応した速乾性のあるＵＶカット生地が使われていたりと、アイデアにあふれています。

旅人向けの多機能パーカー「POSEIDON」

資金調達とテストマーケティング、プロモーションの三つが目的で、どれも成功させたプロジェクトとなりました。

また、VANQUISHは男性向けブランドなのですが、このパーカーは、女性でも着られるデザインやサイズで、ユニセックスで、実際に支援者にも多くの女性がいます。

Knotの腕時計も男性向けかと思いきや、実は女性も支援者になっています。

多くのプロジェクトが、Makuakeの結果、意外なターゲット層を見つけることはよくある事象です。

2

食品・飲料品・日本酒、こだわりの新製品

▼メーカーとユーザーの「試してみたい」をマッチング

ファッションの次に紹介するのが、食品や飲料品の新製品プロジェクトです。

食品や飲料品は、超・大量生産を行い、いくつもの大型スーパーで大量販売しないとビジネスとして成立しづらいという側面があります。大量生産・大量消費の代表で、少量生産・少量消費ではビジネスになりにくいジャンルなのです。

インターネットが普及したことで、食品メーカーが直接、ターゲットユーザーとつながることができるようになりましたが、たんに自社サイトで販売するだけでは、それこそビジネスになりません。

クラウドファンディングでは、大量生産する必要はなく、際立った特徴があり、ユーザーに「おっ」と思わせるような食品や飲料品であれば、一定量を売ることができます。

特に、新製品を出すときに、最初に小ロットで試すことができるので、最初の一歩を踏み出しやすくなりました。

支援者から予想以上にお金が集まり、ヒットの予感があれば、それから大量生産に切り替えればいいわけですから、いきなり大量生産を行うのに比べれば格段にリスクが小さくなったのは間違いありません。

食品や飲料品は、興味のある人が多く、かつ試してみやすいので、多くの支援者がお金を出して購入しています。また、ホームパーティー用にちょっと変わった食品や飲料品を求める人もいれば、製造者や開発プロセスにストーリーがある食品や飲料品をギフトや手土産として買う人も多く、初めて支援した人がその後にリピートユーザーになる率が高いのも特長です。

また、支援者の属性として、40代女性が多くなっています。おそらくこれは、他のECサイトでお取り寄せグルメをアクティブに活用している層と近いのではないかと推測しています。

これまで、食品や飲料品の分野では、新製品を出す際には高いハードルがいくつもありました。それらを下げる仕組みがクラウドファンディングであり、食品や飲料メーカーの

「新製品を試してみたい」と、ユーザーの「新製品を試してみたい」をマッチングできるのが、Ｍａｋｕａｋｅなのです。

▼アイデア一つで製品プロデューサーになれる

食品・飲料品で一つ目に紹介するのが、イルカのティーバッグのプロジェクトです。発想自体は非常にシンプルで、イルカの形をしたティーバッグをカップに沈めたら、イルカが海を泳いでいるように見えて素敵だろうというものです。

本当に、ちょっとしたアイデアであっても、新製品化できることを証明した事例です。

このプロジェクトは、15年9月から11月まで行われ、目標金額50万円に対して、２５２万２０００円を６１９人の支援者から集めました。

イルカの形をしたティーバッグのアイデアを思いついたのは、大翔水産という水産物の貿易や卸売りを行っている会社の社長さんです。水産会社の社長さんが、なぜイルカの形をしたティーバッグをつくりたくなったのでしょう。

一つは、熊本県の天草の海には、イルカウォッチングができるほど多くのイルカが住ん

イルカのティーバッグ

でいて、みんなイルカが大好きだから。そして、天草には、「矢部茶」というブランド茶があるのですが、若者の日本茶離れもあり、その売上げが年々減少していることから、何とか活性化したいという目的がありました。

また、自社のオリジナル商品をつくりたいという、社長自らの想いもありました。

ただ、矢部茶は緑茶なので、海の色が緑というのは……ということで、Ｍａｋｕａｋｅの担当キュレーターが「ブルーマロウ」という青いお茶を活用し、イルカが海を泳いでいるように見えるようにしてはどうかと提案したところ、大ヒットにつながりました。

このプロジェクトを行った最大の目的は、実際にイルカの形をしたティーバッグをつくるための資金調達でしたが、もちろんテストマーケティングとプロモーションの目的もありました。

このプロジェクトによってどんな反応がうまれるか、私たちも注目していたのですが、「Yahoo!　NEWS」のトップにとりあげられるなど、予想をはるかに上回る反響があり、世の中に受け入れられるアイデアであることが証明されました。

集まった250万円超で製品化・量産化の体制をつくり、全国展開することもできました。

海外では、クラウドファンディングは、未来のガジェットなどハードウエアの新製品を支援するイメージが強くありますが、Makuakeでは、それ以外の新製品も多いという特長があります。

また、Makuakeには、プロジェクトでつくられた新製品を継続的に販売できるEコマース機能があります。イルカのティーバッグは、このEコマースでもヒット商品となり、今なお売れ続けています。

今でもここで買うことができますし、プレゼントとして最適なので、何度もリピートで買われる人が多いのも、この商品の特徴です。私も、お土産の鉄板アイテムとして、よく買っています。

イルカで成功したため、17年にはサメのティーバッグをつくるプロジェクトを行いました。今度は、ローズヒップティーを使い、血を表現するという思い切った企画でしたが、こちらも目標金額の100万円を超える110万9450円を支援者181人から集めることに成功します。

たった一人の思いつきのアイデアでも、ちょっとした頑張りが加われば、世の中をザワつかせるヒット製品になるのです。アイデア一つでヒット製品プロデューサーになれるという、可能性と勇気を与えてくれたプロジェクトだったと思います。

▼和歌山発、「醤油もろみチーズ」で地方の底力を再認識

もう一つ、食品の新製品プロジェクトとして、和歌山県のチーズメーカー、Copain de Fromage（コパン・ドゥ・フロマージュ）の事例を紹介します。

このチーズメーカーは、和歌山の特産品を使ったチーズをつくっていたのですが、新たに「醤油もろみ」を使ったチーズをつくってみたいと考えました。

世界初！　イタリアと日本の
「発酵文化」が融合した、夢のチーズ開発
MOROMI
formaggio

「醤油もろみ」を使ったチーズ

通常、チーズは、生乳と塩でつくられるのですが、和歌山県湯浅の醤油もろみで仕込むことを思いついたのです。イタリアの発酵文化である醤油をかけるチーズと、日本の発酵文化である醤油をかけ合わせるという画期的なアイデアです。

それだけでもすごいのですが、それをチーズの本場、イタリアのチーズ工房でつくろうという挑戦でした。

ワインではなく、日本酒に合うチーズをつくり、これを新製品として量産するために、Ｍａｋｕａｋｅを活用したのです。

17年2月に始まったプロジェクトは、目標金額は80万円でしたが、支援者153人から160万5200円を集めました。目標金額のおよそ2倍の金額を集めたのです。これにより、顧客ニーズがあることがわかり、製品化、量産化へと進んでいます。

この事例も地方のメーカーが、その土地の特産品を使って、新たな新製品をつくるというプロジェクトで、「地方の底力」を再認識させてくれました。

こうした日本各地に眠っている面白いアイデアを、あますところなく世の中に出していくことで、地方が活性化し、ひいては日本が活性化することにつながると思っています。

食品は今や、Ｍａｋｕａｋｅの人気ジャンルの一つとなっています。

▼日本酒や焼酎の伝統ある酒蔵が次々と挑戦

飲料品の中でも、Ｍａｋｕａｋｅの活用が多いのが日本酒や焼酎の酒蔵です。これまでに50を超える日本酒ジャンルのプロジェクトがあります。伝統ある酒蔵が、クラウドファンディングという新しい手法を積極的に使っている点が、私は非常に面白いと感じています。

新しい素材での酒づくりに取り組みたい、新しいつくり方に挑戦してみたい、洋食に合う日本酒をつくってみたいといった、アイデアとチャレンジ精神があふれる新製品のテストマーケティングとプロモーションを兼ねた場として、Ｍａｋｕａｋｅを使っていただいています。

酒蔵というと、伝統を守ることに重きが置かれ、新しいことに挑戦するイメージがあまりないかもしれません。しかし実は、伝統的な手法に軸足を置きながら、21世紀らしいチャレンジを行っている酒蔵が日本全国にたくさんあります。

こうした伝統ある酒蔵の新しい挑戦は、ニュースになることも多く、それを見て、「自分たちもやってみたい」と思われる酒蔵も多くあるためか、酒蔵のＭａｋｕａｋｅの活用は右肩上がりに増えています。

もちろん、日本酒や焼酎だけでなく、ワインや地ビール、ウイスキーなどでも、同様のことができるのではないかと考えています。

▼若者の視点から日本酒に新風を吹き込む

では具体的に、日本酒に新風を吹き込んでいる事例を紹介しましょう。まずは、山形県鶴岡の日本酒スタートアップ企業、ＷＡＫＡＺＥ（ワカゼ）です。ＷＡＫＡＺＥは、酒蔵

稲川社長

の若手従業員を指す「若勢」と、「和の風」という意味があり、若者の視点から日本酒文化に新風を吹き込むことで、日本酒を世界に広めることを目指しています。

稲川琢磨社長は、大手戦略コンサルティング会社のボストンコンサルティングで働いていたのですが、日本酒を世界酒にしたいと一念発起して起業しました。

自らは酒蔵を保有せず、一緒に日本酒をつくってくれる酒蔵を探して日本全国をかけめぐり、意気投合したさまざまな酒蔵と新しいコンセプトの日本酒を生み出しています。

ＷＡＫＡＺＥは、Ｍａｋｕａｋｅでこれまでに２回プロジェクトを行っており、１回目は、社名そのままの「ＷＡＫＡＺＥ」という名の、春夏秋冬それぞれの季節に合った日本酒を４本つくる「四季酒」の開発を目指しました。

16年1月からプロジェクトがスタートしたのですが、このときは、まだ酒蔵の活用が少なかった時期であったにもかかわらず、目標金額１

WAKAZEの四季酒

00万円に対して、242人の支援者から212万500円を集めました。

Makuakeの酒蔵利用の口火を切ってくれたプロジェクトだと言えます。

2回目は、「洋食に合う日本酒」をつくるプロジェクトです。洋食に合う日本酒になれば、ワインと同じ土俵に立てます。ワインと日本酒では、世界的に見れば市場規模が格段に違うので、ワイン市場に参入したいと考え、世界進出を視野に入れた挑戦でした。

つくった日本酒は2種類。一つは、「ORBIA　SOL」というバルサミコソースを使った肉料理などに合うようにつくられた日本酒です。千葉県いすみ市にある1879年創業の木戸泉酒造がつくりました。

もう一つは、「ORBIA　LUNA」という、フォアグラや焦がしバター系のソースを使った料理などに合うようにつくられた日本酒で、製造元は山形県鶴岡にある、元和年間（1615～23年）創業の、390年以上の歴史をもつ渡會本店という酒蔵です。16年12月からスタートした2回目のプロジェクトは、目標金額100万円に対して、595人の支援者から435万1900円を集めました。

このプロジェクトが大きな話題となったこともあり、世界展開を含めて販路を確実に拡大しています。

歴史ある伝統企業と、新しいコンセプトをひっさげたスタートアップ企業のコラボレーションで、日本酒の常識を大きく変え、世界市場を目指すというチャレンジは、今後も注目です。

▼それまでの5倍、5000本を受注

もう一つ、酒蔵の事例を紹介しましょう。ワインにはボジョレーヌーボーという、収穫したばかりのブドウでつくるものがありますが、これの日本酒版「日本酒ヌーボー」をつ

くって、その日に届けようというプロジェクトです。

千葉県酒々井市にある飯沼本家という酒蔵は、以前から収穫したばかりの米で日本酒をつくり、「今朝しぼり」という名前で毎年販売を続けていたのですが、もっと多くの人に飲んで欲しい、もっと若い人たちにも日本酒のおいしさを知って欲しいという想いをもっていました。

また、アナログ管理であった顧客やオーダー管理を、デジタル化して簡素にしたいとも考えていたようです。

あるきっかけで、酒蔵のコンサルティング業を営むアンカーマンと知り合い、共同プロジェクトとして、リブランディングした「酒々井の夜明け」という日本酒ヌーボーをつくろうということになり、Ｍａｋｕａｋｅを活用してくれました。

Ｍａｋｕａｋｅを活用することで、今までよりも若い顧客を獲得でき、オーダーの管理もデジタル化できます。飯沼本家の課題を一挙に解決できるのです。

16年9月にスタートしたプロジェクトは、『読売新聞』の地域版をはじめ多くのメディアにとりあげられたこともあり、目標金額１００万円に対して、その10倍以上となる１０５９万円を１０１８人から集めました。

3 中小メーカーを活かすアイデア商品や文房具

これまでは、年間で720㎖瓶1000本前後の受注だったのが、このプロジェクトだけで5000本の受注となり、顧客の拡大、若い人たちへの浸透、受発注のデジタル化につながりました。発送オペレーションも大きく改善したそうです。

このように、伝統ある酒蔵がいろいろな企業と協力して、新たなコンセプトの日本酒をつくるという新しい流れが、全国各地で起き始めています。

これら以外にも、〝鈴木さん〟という名字の人のためにつくる「鈴木」という名の日本酒や、女子大生が地元・熊本県球磨の焼酎酒蔵と共同で女性向けにかわいくデザインした「ごくりくま」という焼酎をつくったりと、伝統にとらわれない、新しくチャレンジングなプロジェクトが次々と行われています。

▼アイデア勝負と下請け工場の逆襲

ちょっとしたアイデアが生活を劇的に便利にすることがあります。こうしたアイデア商品を、みなさんも一つや二つ、もっているのではないでしょうか。

アイデア商品であっても、いざ量産するとなると、まとまったお金がいりますし、大量に売れ残ってしまうリスクもあります。

アイデア自体は、主婦でも、ビジネスマンでも、学生でも思いつくことができますが、そのアイデアを実現しようとなると、試作品を一つつくることはできても、それをきちんとした製品にするにはハードルがあり、量産するにはさらに高いハードルがそびえることになります。

だから残念ながら、多くの面白いアイデアは、この世に製品として出てくることがほとんどありません。

しかし、家電製品などに比べれば、量産のハードルははるかに低く、アイデアを実現できる技術をもった下請け工場なども、実はたくさんあります。アイデアを製品化することは、こうした小さな地方の下請け工場の仕事をふやすことにもなるのです。

アイデア商品や文房具、便利グッズなどは、現在も非常に多くのものが売られています。にもかかわらず、まだまだアイデア次第で、今までにない製品、もっと便利になる製品がＭａｋｕａｋｅで生み出されています。思いついた面白いアイデアを具現化する場となっているのです。

面白いアイデアを思いついた人が、Ｍａｋｕａｋｅを使えば、資金調達、テストマーケティング、プロモーションを行うことができ、低リスクで製品化することができます。面白いアイデアが次々に製品化されたら、今よりも便利で楽しい世の中になっていくのではないでしょうか。私たちは、そうした世の中を実現したいと考えています。

▼会社をつくって本格的なビジネスへ発展

では、具体的に個人が自分のアイデアを製品化した事例を紹介しましょう。

ホワイトボードは、誰もが使ったことがあると思います。書いたり、消したりがすぐできるので大変便利ですね。しかし、ホワイトボードは大きいため、移動するのも大変で、

バタフライボード

持ち運ぶことなどはできません。

昨今、働き方が変わる中で、打ち合わせは会議室で行うものから、カフェやオープンスペースなど、いろいろな場所で行われるようになりました。ところが、カフェにホワイトボードはありませんし、持っていくこともできません。

そこで、持ち運びできる折り畳み式のホワイトボードがあったら便利なのではないかと考えて生み出されたのが「バタフライボード」です。これは持ち運びできるＡ４サイズの折り畳み式のホワイトボードです。

このバタフライボードを製品化するプロジェクトは、14年４月にスタートし、プロジェクトの実行中から話題になり、目標金額32万

4000円に対して、支援者743人から2777万1496円を集めました。

それだけ、持ち運べるホワイトボードがあったら欲しいと思っていた人がいたということになります。

このプロジェクトによって、実際に製品化されたあとも、改良を加えていき、17年6月から、より進化して小型になった「バタフライボード2」のプロジェクトをスタートしました。目標金額30万円に対して、支援者3402人から1000万円を超える1484万528円が集まりました。

当初は、個人として始めたビジネスでしたが、反響が大きく、本格的なビジネスになるメドも立ったため、会社を設立して事業として行っていくことが決まっています。

バタフライボードは本当に便利で、私もブレストミーティングなどで愛用しています。

▼伝統の刃物技術が生んだ遊び心あふれる新製品

次に紹介するのは、刃物の町、岐阜県関市にある1946年創業のニッケン刃物という会社がアイデアあふれる自社製品を開発するために行われたプロジェクトです。

ニッケン刃物は、ハサミやペーパーナイフなどの刃物加工製品をつくっていましたが、自社のオリジナル製品をうまくプロモーションすることができていない、という課題がありました。

そこで何か話題になる商品をつくりたいと思って考えたのが、日本刀の形をしたペーパーナイフです。さらに、歴史上の偉人をモデルにした日本刀にしたら、多くの人が面白いと感じてくれるのではないかと思いつきます。

モデルは、土方歳三、坂本龍馬、織田信長の３人。それぞれがもっていた愛刀をモチーフにして「名刀ペーパーナイフ」をつくるというプロジェクトを、Ｍａｋｕａｋｅで行いました。

名刀ペーパーナイフ

プロジェクトは、17年2月にスタートし、目標金額１００万円に対して、３２３８人から１６１７万４２００円を集めることに成功し、製品化することを決定します。

ペーパーナイフをつくる技術はもともともっていました。それにちょっとしたアイデアを加えたことで、大ヒット新製品をつくりだすことができたのです。

これは、全国各地の中小メーカーすべてに、大ヒット新製品をつくりだす可能性が秘められていることの証ではないでしょうか。

地方の中小メーカーが、下請けのみの事業モデルから脱却する際の大きなサポートツールに、Ｍａｋｕａｋｅがなっているのです。

4 ハードウェアのスタートアップ

▼直接金融、間接金融に次ぐ、第3の金融インフラ

クラウドファンディングが世界的に広まるきっかけとなったのが、ハードウェアのスタ

ートアップというジャンルです。欧米でも、中国でも、ハードウェアの未来ガジェットのようなものに対する人気は非常に高く、日本でも盛り上がっています。

製品の価格帯としては、2万~5万円が多く、他のジャンルに比べると高めです。製品の単価が高く、多くがスタートアップ企業のため、量産するための資金が不足しがちです。そこで、資金調達を目的として、クラウドファンディングを活用するのです。

クラウドファンディングによって、量産する前に、予約販売の売上として支援金額を手に入れられるというのは、企業体力があまりないスタートアップ企業にとっては大きな意味があります。

現在の日本は、政府系投資銀行やベンチャーキャピタルがスタートアップ企業に投資をしてくれます。また、さまざまな補助金の制度もあるので、比較的、資金調達しやすい環境だと言えますが、さらにクラウドファンディングで資金調達できれば、キャッシュフローが向上します。

もちろん、資金調達だけが目的ではなく、テストマーケティングやプロモーションという目的でもクラウドファンディングを活用しており、その実績を銀行や投資家に見せることで、さらなる資金調達につなげるケースも多くあります。

クラウドファンディングは、直接金融、間接金融に次ぐ、第3の金融インフラであり、直接金融、間接金融から資金を引き出すための実績づくりの場でもあるのです。

ハードウェアは、アイデア商品などと比べると製品化の難易度が高くなりますが、それでも、Makuakeを活用することで、資金調達、テストマーケティング、プロモーションができ、その分、リスクを下げることができるため、難易度の高い新製品開発も前に進めることができるのです。

▼メーカー系スタートアップは地方に多い

宮城県のDJ向けハードウェアを製造するスタートアップ企業、JDサウンドが、それまでの製品を大幅に改良した新製品を出すために、Makuakeを活用してくれました。その新製品が、A4サイズで持ち運ぶことができるDJプレイヤー「GODJ Plus」です。

この新製品を量産するためには、最低でも2000万円が必要であったため、目標金額は2000万円でしたが、1292人の支援者から、目標の2倍を超える5303万76

GODJ Plusを楽しむ人たち

００円を集めることができました。

「ＤＪプレイヤーが欲しい人が、世の中にそんなにいるの？」

そう思われた人が多いかもしれません。確かに、ＤＪプレイヤーに触ったこともない人がほとんどだと思いますが、若いときにＤＪをやっていた人や、アマチュアでＤＪをやっている人、プロとしてＤＪを生業としている人もいるので、何千人単位の顧客ニーズがあることは予想できました。

通常のＤＪの機器は、大きなものが多く、持ち運べるようなものではありません。ですから、「パーティーをやるからちょっとＤＪをやってよ」と言われても、機器の問題があって簡単にはできなかったのです。

ところが、この「ＧＯＤＪ　Ｐｌｕｓ」は、Ａ４サイズで持ち運べるため、いろいろな場所で気軽にＤＪを行うことができます。「これなら、いろいろな場所でＤＪを楽しめそうだ」と思った元ＤＪや現ＤＪが、支援者になってくれました。

ＤＪのトッププロが、ツイッターで製品アイデアを認めてくれたのも、支援者の増加に大きく影響したかもしれません。

スタートアップ企業というと、東京にあるイメージがありますが、メーカー領域のスタートアップ企業は、実は地方で頑張っているケースも多いのです。工場や倉庫などは、ある程度、広い場所が必要なため、土地が安い地方のほうが合理的なのです。

▼支援金額１億円超えを実現

一方、和歌山県のスタートアップ企業が新製品として考えたのは、折りたたむことができる自転車と電動バイクのハイブリッドバイク「ｇｌａｆｉｔバイク」です。自転車としても、電動アシスト自転車としても、電動バイクとしても走行することができます。

さらに、重さも約18キロなので、持ち運ぶことができます。

この新製品プロジェクトは、17年5月にスタートし、リターンとしてハイブリッドバイクを受け取れる金額は12万円前後と高額であったにもかかわらず、目標金額300万円に対して、支援者1284人から1億2800万4810円を集めました。

旅行先やキャンプで使いたいという声が多く寄せられたほか、「日常の街乗りにも便利そう」という声もありました。支援者がコメントでいろいろな用途を書いてくれるというのは、それだけ期待が大きい証であり、新製品の価値を高めることになります。

つくり手にとっても、こうした声は励みになり、ただ販売するのとは違った体験となり、Makuakeならではと言えるでしょう。

また、この評判をきっかけにオートバックス社での取扱が決定し、一気に販路の拡大に成功しました。実店舗でサポートも請け負ってくれる提携になるため、支援者に便利さと安心を広げることができました。

5

海外輸入製品のテストマーケティング

▼盲点だった輸入代理店の活用

世界は広いもので、いろいろな国でさまざまなイノベーティブな製品やクリエイティブな製品がつくられています。ただ、輸入手続きの問題や法律の問題、顧客サポート体制の問題などの関係で、日本では販売されていない製品が無数に存在しています。

こうした問題を何とかクリアして、優れた製品の日本での販売を実現するのが輸入代理店です。

しかし、優れた製品を見つけ、せっかく努力して日本で販売しても、売れなければ、何の利益も得られないどころか、大きな損失を出してしまいます。

メーカーの新製品と同様に、売れるかどうかわからない段階で、海外メーカーと大規模な取引契約を結ぶのには、大きなリスクがあるのです。

そこで、本格輸入を始める前に、Ｍａｋｕａｋｅで先行販売という名のテストマーケティングを行う事例が増えてきました。

この使い方は、私たちにとっても盲点でした。輸入代理店が、ヨーロッパのファッション・スタートアップ企業がつくった製品や、中国のハードウェアメーカーがつくった新製品など、世界中にある面白い、日本でヒットしそうな製品を見つけてきて、本格輸入を始める前の段階で、Ｍａｋｕａｋｅを活用してくれているのです。

輸入する量の判断材料ともなり、もちろん、調達した資金は、本格輸入のために使えます。こうした輸入代理店の活用が、ここ1、2年、一気に急増しています。

▼2300万円超、イタリア発の木でつくられた腕時計

輸入代理店が、Ｍａｋｕａｋｅを活用するきっかけになったのが、イタリアのヴェローナにある腕時計のスタートアップ企業アバテルノが開発した「木から生まれたオーガニックな腕時計」でした。

この木製の腕時計を見つけた輸入代理店が、日本での発売を打診。日本への展開も考え

ていたアバテルノにとっても、悪くない話のため商談が進みます。

しかし、いきなり大きなロットを仕入れても、これまでにない木製の腕時計という新製品ですから、日本人に受け入れられて、それを売り切ることができるかはわかりません。そこで、Ｍａｋｕａｋｅでテストマーケティングを行い、市場性を判断するためにプロジェクトを行うことになりました。

15年7月にスタートしたプロジェクトは、目標金額55万５０００円に対して、９０８人の支援者から２３６８万４１２０円を集める大成功となります。

メディアでも数多くとりあげられ、「これは日本人に受け入れられる」ことがわかったことから、本格展開の道に進みました。

今となれば、輸入代理店が本格輸入を行う前に少量を試し売りして、売れるかどうか、どのくらい売れそうかを判断するためにクラウドファンディングを使うというのは、最もシンプルなクラウドファンディングの使い方だなと思います。しかし、創業当初からこのプロジェクトまで、輸入代理店がクラウドファンディングを使うメリットが大きいことなど、まったく考えつきませんでした。

欧米のクラウドファンディングの使い方として、輸入代理店が他国の製品を自国でテストマーケティングする事例はほとんどなく、これは「日本ならでは」の使い方です。

輸入代理店は小規模の企業が多く、ファッションならファッションの専門代理店というように、専門性をもっています。

Ｍａｋｕａｋｅの活用が多いのは、ファッションとハードウェア・ガジェットです。ハードウェア・ガジェットは、それをつくるメーカーが中国や台湾に多いため、中国製や台湾製のとがったアイデアの新製品が次々と生まれています。それらに、日本の輸入代理店も注目しているため、これからＭａｋｕａｋｅでどんどん紹介され、プロジェクトが行われることが期待されます。

▼世界中から次々と面白い製品を日本へ

次に紹介するのは、さくらドームという商社が輸入代理を手掛けた事例です。

製品は、全体が曇らない、透き通ったボール型の氷がつくれる製氷機で、ウイスキーや焼酎をロックで飲むときに最適な氷をつくることができます。

この製品の企画から製造までを手掛けたのは台湾の企業でした。

プロジェクトが行われたのは、17年2月から4月。目標金額30万円に対して、3606人の支援者から1877万6720円を集めました。2000万円近い金額もすごいですが、3606人という支援者の多さも、このプロジェクトの特徴です。

この実績により、「売りたい」「売ってみたい」という小売店が続出。販路を日本全国に一気に拡大することができました。

さくらドームは、このプロジェクトを含めて4回、Ｍａｋｕａｋｅを活用してくれています。熱いコーヒーをすぐにアイスコーヒーにすることができる機器や、デザイン性に優れた工具など、Ｍａｋｕａｋｅを事業展開の重要な加速装置として、上手に活用しながら面白い製品の取り扱い数をどんどん増やしています。

6 大企業と「リーン・スタートアップ」

▼大手メーカーの「小さな挑戦」を後押し

1章で少し紹介しましたが、大手メーカーが新製品を出す際にも、Ｍａｋｕａｋｅを活用する事例が増えています。

日本には、歴史上まれに見るほど、世界トップレベルの大手メーカーがそろっています し、日本では毎年、19兆円前後が研究開発費に使われています（２０１４年度、経済産業省）。

しかし、研究開発された画期的な新技術などのほとんどは、製品化されていません。この埋もれた新技術は、日本の「国宝」であると私は考えています。

ではなぜ、大手メーカーからこうした画期的な新技術を使った新製品が生まれないかと言えば、会社が大きすぎて、小さく生み出してみるということができなかったからです。

自社の工場で製造を行えば、大量生産を前提にした工場ですから、大きく生み出すことになってしまいます。大量生産できても、それが大量に売れるかがわからず、大量の売れ残り在庫を抱えるリスクが発生してしまいます。それを回避するために、新技術を使った新製品の企画があっても、なかなか実行に移されなかったのです。

つまり、小さく生み出すことができるようになれば、新しい領域の新製品へのチャレンジもしやすくなり、大手メーカーから画期的な新技術――スーパーテクノロジーを使った新製品が生み出される可能性が高まるのです。

新しい技術を使った、世の中にとって面白くて役に立つ新製品をいかにつくりだしていくか。

これは、現在の日本の命題の一つではないでしょうか。

Ｍａｋｕａｋｅは、創業当初から「新しいことにチャレンジするすべての人」のインフラになりたいという想いが強くありました。だから、個人やスタートアップ企業はもちろん、大企業に対してもアプローチを行っていたのです。

前にも述べた通り、初年度は４００社以上の企業や団体にクラウドファンディングの説明に伺いましたが、その中には大企業が何社も含まれていました。こうしたアプローチがようやく花開き始めています。

▼東芝の新製品開発をＭａｋｕａｋｅがサポート

東芝では、無線ＬＡＮ搭載ＳＤメモリカードＦｌａｓｈＡｉｒの新たな用途を模索していて、ＦｌａｓｈＡｉｒとアルコールセンサーを組み合わせたガジェットを開発していました。Ｍａｋｕａｋｅは、この東芝の新製品開発の担当チームをつくり、企画へのアドバイス、プロモーションに関わりました。

そして、ＦｌａｓｈＡｉｒの技術力のＰＲも兼ねて、生活者向けに酔いの程度がスマホでわかる学習型アルコールガジェットを開発。諸般の事情により自社ブランドでの製造販売が難しかったため、大手メーカーの製造も受託しているＳＴＵＦＦ社という大阪のメーカーの協力により、ＳＴＵＦＦ社の製品として販売していただけることになりました。

外部の中小メーカーと連携したことで、スピード感を持って開発を進めることができ、通常であれば、2年はかかる新製品開発・販売が、たった1年でできました。

このＦｌａｓｈＡｉｒを使った新製品「ＴＩＳＰＹ（ティスピー）」のプロトタイプができたタイミングで、Ｍａｋｕａｋｅにてクラウドファンディングを開始。

TISPY

16年3月に始まったプロジェクトは、目標金額１５０万円に対して、その10倍を超える１５３７万７７００円を、支援者１４３０人から集めました。プロジェクト実行中に、アスキーやエンガジェットなど、多くのメディアにとりあげられたこともプロジェクト成功の要因です。

Ｍａｋｕａｋｅを通して、約３０００の新製品の市場の反応を見てきた私たちは、「どういった新製品が市場に受け入れられるのか」に対する感覚が磨かれてきたことに、この東芝の新製品開発へのサポートで気づきました。

「これは新規事業になる」と考えた私たちは、大手メーカーとの新製品の共同プロデュース事業「Ｍａｋｕａｋｅ Ｉｎｃｕｂａｔｉｏｎ Ｓｔｕｄｉｏ（ＭＩＳ）」を始めることにしました。

何をするのかと言えば、アイデア出しのファシリテーションや、製造パートナーの紹介、クラウドファンディングのキャンペーンの準備などです。

製造パートナーを紹介できるのは、地方の中小メーカーがこれまでＭａｋｕａｋｅを活用してくれたおかげで、大手メーカーの製造パートナーになれる、そうした企業との人脈やコネクションが広くあるからです。

大手メーカーの新製品開発に企画段階から関わることで、最先端の技術を一つでも世の中に引っ張り出したい。そして、Ｍａｋｕａｋｅを通して世の中にその新製品の面白さや役立ち度をアピールしてテストマーケティングを行い、その実績によって量産化を実現していきたいと考えています。

▼シャープの液晶技術と酒蔵の伝統技術がコラボ

シャープの液晶の技術の中には、温度管理の技術があり、それをいかに新製品化、事業化するかという共同プロデュース事業を16年8月ごろから行いました。

紆余曲折がありましたが、つくることになったのは、電気機器製品ではなく、日本酒のための非電化新製品です。日本酒をマイナス2度に温度管理できる製品をシャープが開発し、マイナス2度で飲むとおいしい日本酒を天保年代から続く石井酒造に開発してもらいました。

これによって生まれたのが、「冬単衣」という名前のマイナス2度の日本酒セットです。まったく新しいコンセプトであり、新製品であるため、Ｍａｋｕａｋｅでどのくらいの市場性があるのか、テストマーケティングを行います。

17年3月からスタートしたプロジェクトは、目標金額100万円に対して、1869万5400円を2249人の支援者から集め、一定以上の市場性があることが証明されました。

シャープにとっては、温度管理ができる技術があることのプロモーションにもなり、いくつかの企業から、「共同で新製品をつくれないか」という問い合わせがシャープの新規事業部門にあったそうです。日本に埋もれていた「国宝級」の技術の一つが、こうして日の目を見ることができ、さらにこれから活用されようとしているのです。

▼大手メーカーに眠る新技術を一つでも世の中へ

　こうした大手メーカーと共同プロデュースを行うケースには、大きく三つのパターンがあります。一つは、新規事業の担当部門から相談されるパターン。もう一つは、研究開発部門から相談されるパターン。残る一つが、事業部の中で新規事業を担当している人から相談されるパターンです。

　共同プロデュースは、コンサルティング契約のような共同プロデュース契約を結び、ブレストを行ったり、ワークショップを行ったりして、出てきたアイデアをどう具現化していくかを、大手メーカーの方々とＭａｋｕａｋｅの担当者が一緒になって考えます。

　いわゆる「オープンイノベーション」と呼ばれる方法で、イノベーションの種は大企業の中にあり、人材もみなさん優秀なので、答えは大企業の中にすでにあるケースが多いのです。それらをアウトプットしやすい環境をつくり出し、どの技術にフォーカスするのか、どういった事業を行うのがいいのか、具体的な新製品はどういったものにするかなどを、徐々に決めていきます。

　いくつかの大手メーカーと共同プロデュースを行ってわかったのは、課題の根幹は、どこも一緒だということです。細かく見れば、それぞれの違いはありますが、根幹の要諦部分はだいたい一緒です。ですから、新製品化するまでの過程もほぼ共通になります。

大企業はまず、部門横断がやりづらい。開発部門が製造部門や品質管理部門と日程調整を行うだけで何カ月もかかったりします。これを避ける一つの方法が、外部提携です。

過去にＭａｋｕａｋｅでプロジェクトを行ってくれた中小メーカーや、その取引先企業などを紹介しています。台湾の鴻海精密工業と取り引きしている工場なども紹介できます。

大手メーカーからの相談や問い合わせがここ1年増え、17年8月現在、まだ世に発表されていない進行中の共同プロデュース事業が、10件以上ありますので、アッと驚く新製品が生まれてくることを期待して待っていて欲しいと思います。

大手メーカーとの共同プロデュース事業は、Ｍａｋｕａｋｅにしかできない特長的な事業なので、今後も伸ばしていきたいですし、非常に伸びる分野だと考えています。

「新しい風を吹かせることができた」

まだまだですが、そう感じています。

日本が誇る、すごい研究技術がまだまだたくさん眠っています。それらを一つでも多く新製品として世の中に出していくことも、私たちＭａｋｕａｋｅの使命の一つだと考えています。

3章

Makuakeを活用したサービス産業三つの成功ケース

1 アイデアあふれる飲食店の開業

▼飲食店の開業の新しい潮流

これまでは、個人から大手メーカーまで、新製品の話でしたが、ここでは、もう一つクラウドファンディングのプロジェクトが増えている飲食店の開業や、2店目、3店目の新店舗を出すケースを紹介しましょう。

すでにＭａｋｕａｋｅを活用した飲食店は２００を超え、その数は加速度的に増加しています。また、支援者の人気が高いジャンルでもあります。

新製品の場合は、資金調達、テストマーケティング、プロモーションが、クラウドファンディングを使う三大目的でしたが、飲食店の開業の場合は、初期のロイヤルカスタマーをどうつかまえるかに軸足が置かれています。

今までは、飲食店検索サイトに広告を出したり、雑誌にとりあげてもらうようＰＲ活動を行うなど、新店舗をオープンしたあとにプロモーションを行うのが一般的でした。

そして、何とか一度来店してもらい、そこからリピート顧客を増やして、いかにロイヤルカスタマーになってもらうかというステップでした。

ところが、Ｍａｋｕａｋｅでは、開業する新店舗の物件が決まったあと、オープンの３～４カ月前からオープン直前までプロジェクトを行うことで、開業前に「こんな面白い店をつくりたい」とプロモーションすることができます。

支援者へのリターンは、お得な食事券や特別会員権などが多く、支援者はおいしい料理やドリンクをお得に飲食できるのはもちろん、プチオーナー感を味わえるほか、オープン後に店のオーナーやシェフと顔見知りになることもできます。

支援したお店に行くのは、飲食店検索サイトや雑誌で見つけた店に行くのとは違い、支援者は少し特別な体験をすることができるのです。

また、プロジェクト実行者である店のオーナーは、開業する前にロイヤルカスタマー候補を数多く抱えることができ、オープン初日から連日満席という状況をつくることができます。

支援者が店や料理を気に入ってくれれば、その後も毎月のように別の友達を連れてきてくれ、応援ロイヤルカスタマーとなり、その数×友達の数だけ、オープン当初からお客さんがいるということになるのです。

支援者が200人として、店に一緒に行きたい友達が10人だとしても、200×10＝2000となり、オープン前に、数千人規模の見込み顧客がいる状況をつくり出せるのです。これは顧客獲得の手法として非常に合理的で、新店舗の成功確率は限りなく高まります。

開業資金を集められる点も当然重要ですが、飲食店の場合には、それ以上に何度も来店してくれる優良な顧客、常連客をどれだけつくれるかが店の成否を決める重要事項なのです。

それができるＭａｋｕａｋｅは、飲食店業界から注目を集めており、プロジェクト数が右肩上がりで増えています。

ただし、ただの新店舗開業では支援者は集まりません。やはり、お店の特長――自分が行きたくなるような、友達を連れて行きたくなるようなストーリーが必要です。素材や調理方法にこだわりとストーリーがあり、たとえば、「料理とそれに合った日本酒をセットで出します」や、「60度で20時間加熱した焼かない焼肉屋」など、アイデアあふれる飲食店であることも大事になります。

Ｍａｋｕａｋｅでは、こうした面白いコンセプトの店が次々と登場しており、その店の会員になれるということで、グルメな食通からの注目も高まっています。

必ずしも飲食店の開業である必要はなく、旧来の店の改装費用の調達のためなど、徐々に幅広く使われるようになってきています。

▼支援者が集まり過ぎ、急遽プロジェクトを終了

まず紹介したいのが、ローストホースという馬肉専門の飲食店です。店長は、馬肉に特化したもともと人気の飲食店から独立した、日本で一、二を争う馬肉好きだと豪語している面白い人物です。この人しか仕入れられない馬肉もあるほどです。

自分がオーナーとなる日本一の馬肉専門店をつくるにあたって、どうしてもいい石窯をつくりたかった。その資金を集めたいと、Ｍａｋｕａｋｅを活用してくれました。

ミーティングをしている中で、もともと店長のファンでアイデア出しを手伝ってくれていた渡邊という私の同期が、「Ｍａｋｕａｋｅで支援した人しか予約ができない店にする

なら絶対に支援するな」と、ぽろっと言ったところ、「それいいアイデアですね。そうします」と、あっさりと支援者へのリターンに決定。

およそ1万円を出した支援者に店の会員になる権利を与え、店の予約ができるのはその会員だけですから、友達を連れて行って、ちょっと自慢できるという趣向です。

これまで紹介してきた事例は、目標金額が集まらなくてもプロジェクトが実行されるオールインというタイプのプロジェクトが多かったのですが、このローストホースのプロジェクトは、目標金額が集まらなければプロジェクトが実行されない「オール・オア・ナッシング」のタイプを選択しました。

なぜかと言えば、予約できるのは支援者となった店の会員だけのため、新店舗が運営できるだけの支援者（会員）を集めなければ、オープン後の経営が不安定化するからです。店を運営するためには300人は会員が必要と試算。目標金額は消費税を含んで324万円に設定しました。

こうして14年8月から始まったプロジェクトは、わずか9時間で目標金額を達成。支援者が500人を超えたところで、「これ以上増えると、会員でも予約できない店になってしまう」ということで急遽プロジェクトを終了することに。こんなことは、当時のMak

馬肉専門の飲食店「ローストホース」

uakeで初めてでした。

最終的には、支援者506人から600万2111円を集め、無事、石窯をつくる資金と500人以上の会員を集めることに成功し、開業することになりました。

Makuakeのプロジェクトページで、オーナーの馬肉に対する愛情とこだわりを知った人が一気に支援者になり、それが話題となってメディアにとりあげられ、さらに支援者を増やすとともに、食通の人たちも支援者になってくれました。

オープン直後から予約が殺到し、オープンから3年経つ今もなかなか予約がとれないほどの大人気で、食通なら知らない人はいない超有名店となっています。

それほど人気店になっても、予約できるのは、Ｍａｋｕａｋｅで支援した会員だけ。これは、支援者にとっては非常に満足度の高い結果になりました。

また、16年の熊本地震で、馬肉の生産者が大きな被害を受けたため、追加会員募集というかたちで再度クラウドファンディングを行い、そこで集まったお金を馬肉生産者の支援にあてました。

この2回目のプロジェクトは、16年6月に3日間限定で行われ、目標金額１００万円に対して、支援者２９６人から３５０万円を集めました。

▼Ｍａｋｕａｋｅで8店舗を次々オープン

Ｍａｋｕａｋｅを活用して8店舗も新店舗をオープンしたのが、「お酒にもっと新しい価値を」をミッションにしているリカー・イノベーションというスタートアップ企業です。

「ＫＵＲＡＮＤ　ＳＡＫＥ　ＭＡＲＫＥＴ」という立ち飲みの日本酒飲み比べ放題店は、池袋店、渋谷店、新宿店をオープンする際にＭａｋｕａｋｅを活用してくれました。

立ち飲みの日本酒飲み比べ放題店「KURAND SAKE MARKET」

すべてを紹介することは、紙幅の関係でできないため、ここでは最初の池袋店オープンを目指したプロジェクトを見てみましょう。

このプロジェクトがスタートしたのは15年１月で、目標金額64万８０００円に対して、６１７人の支援者から３１６万３６４４円を集めました。

支援者へのリターンは、飲み放題チケット。支援者はたいてい友達を連れて飲みに行き、その友達も店のファンになるという好循環を生んでいます。

ＫＵＲＡＮＤ以外にも、果実酒の飲み比べができる「ＳＨＵＧＡＲ　ＭＡＲＫＥＴ」や、創作カクテルが飲める会員制バー「ＣＲＡＦＴ　ＣＯＣＫＴＡＩＬ」など、面白いコンセプトの酒場を次々にオープンしています。

Makuakeとリカー・イノベーションは業務提携関係にあるので、MakuakeでプロジェクトをMakuakeで行った酒蔵を紹介し、新しく誕生した日本酒をKURANDなどで扱ってもらえるように連携の手助けなども行っています。

▼2・5等地の飲食店が人気になる理由

新製品もそうですが、飲食店も「何か特別な要素」が一つあることが人気店になるためにはとても重要になっていると思いますが、Makuakeを活用する飲食店は、こうした誰かに語りたくなる、連れて行きたくなる特徴があるため、時代のニーズにマッチして人気店になっているのだと考えています。

Makuakeを活用してくれている飲食店は、十数店も運営するほどの大規模チェーンは少なく、個人でまず1店目を開業したいというケースが多数です。

特長的なのは、立地です。飲食店というと1等地につくらないと流行らないと言われますが、Makuakeを活用する飲食店の多くは、駅から離れていたり、雑居ビルの中にあったり、路地裏にあったり、2等地よりも若干劣る2・5等地の飲食店が多くあります。

普通なら飲食店として商売が成り立たない2・5等地ですが、お客さんはたまたま見つけて入るのではなく、その店の他にはない特長を知って予約を入れた人であり、その店を目指していく人たちなので、少々立地が悪くても商売を成立できるのです。立地勝負ではなく、料理や素材、お酒、その演出や仕組みなどの特長で勝負できるお店なのです。

その店のオープンに関わったことが、支援者にとっては、かけがえのない、何物にも代えられない面白い体験になります。

飲食店を開きたい人が、自分の友人や知人を頼って開業資金を集め、後日、店の利益から配当を出すというやり方は、昔からあったそうです。クラウドファンディングなら、金銭的な配当を出す必要がないですし、開店時からロイヤルカスタマーがいる状態をつくれます。

ある飲食店経営者には、「今までにありそうでなかった仕組みだ」と評価してもらっています。

飲食店の開業のためのクラウドファンディング市場もまた、Ｍａｋｕａｋｅが切り開いた市場です。そして、これから先も右肩上がりでプロジェクトが増えるジャンルだと確信しています。

2 アニメ制作のまったく新しいエコシステム

▼「世界偏差値」が高い日本のアニメ

実写映画の世界では、インディーズ映画を中心にクラウドファンディングが早くから使われていました。しかし、アニメ映画の世界では、Ｍａｋｕａｋｅが創業したあとでも、クラウドファンディングの活用はまだほとんど進んでいませんでした。

なぜなら、製作委員会を中心としたアニメづくりのエコシステムが確立しており、そのエコシステムにマッチした作品――ビジネスになりやすい作品をつくるだけで、つくり手の側もアニメ映画ファンも十分に満足していたからです。

ただその裏で、アニメ映画制作のエコシステムにはマッチしづらい作品――ビジネスになりにくい作品領域があり、お蔵入りして日の目を見ない、眠っているアニメの企画というのがいっぱいあることが、アニメ映画の世界を勉強していく中で次第にわかってきました。

私がベトナムにいたとき、日本製品がほとんど使われておらず、音楽やゲームでも日本の存在感がほとんどなかったと述べましたが、唯一の例外がアニメでした。

アニメに関しては、「日本、やばいんじゃないか」という危機感とは違い、アニメだけは圧倒的な「世界偏差値」の高さを感じました。

ベトナムやタイ、インドネシアなど、東南アジア諸国でも日本のアニメや漫画はとても人気がありました。現地の人に「『ＮＡＲＵＴＯ－ナルト－』読みましたか」と聞かれ、私が読んでいないと言うとがっかりしていました。

これ以外にも、アニメや漫画のタイトルを言われ、私が見たことがないと言うと、大変残念そうにされたことが何度もありました。きっと、日本人だから自分よりも詳しいのではないか、その作品について語り合いたいと思っていたのだと思います。

アニメや漫画は、ともすれば、子供のものと一般の人は考えがちですが、大人も日本のアニメや漫画を普通に見ていました。

こうした体験から、アニメや漫画は、日本が誇るべき財産なのだと考え、注目していた分野でした。だから、Ｍａｋｕａｋｅを創業した当時から、まだ日の目を見ていないアニメがつくられることを願っていました。

面白いアニメが次々に出てくれば、日本の強みをさらに強化できます。どうにかしてアニメ業界にもクラウドファンディングを使って欲しい。Ｍａｋｕａｋｅを使って欲しいという想いがあり、地道な営業活動を行っていたころからアニメ業界へのアプローチを行っていました。

▼アニメプロデューサー真木太郎氏との出会い

そんなときに、知人に紹介してもらいお会いさせていただいたのがジェンコというアニメプロデュース会社の社長であり、アニメプロデューサーである真木太郎さんでした。

真木さんに会うにあたって、アニメ業界がまったくわかっていなかった私は、真木さんが発行に関わっている『アニメビジエンス』というアニメのビジネスに関わる人向けの雑誌のバックナンバーを、買えるものはすべて買って読みました。実際にどうやってアニメがマネタイズをしているのかなどの実態は、『アニメビジエンス』を通して勉強しました。

また、友達のアニメおたくに「見るべきアニメをすべて教えてくれ」と言い、こう教わりました。

「『トップをねらえ!』『ふしぎの海のナディア』から見るといいよ。『新世紀エヴァンゲリオン』から見始めると、にわかファンだと思われるから」

庵野秀明監督作品を見るなら、大ヒットした『新世紀エヴァンゲリオン』を見る前に、それ以前につくった『トップをねらえ!』『ふしぎの海のナディア』から見なさいとアドバイスされたのです。

真木プロデューサー

14年秋に真木さんに会うことが決まってから今日まで、時間をつくっては何百作品もアニメを見てきました。アニメ業界の人に、「あれっぽい感じ」と言われても、何となくわかる程度にまでは理解できるように頑張っています。
また、アニメ好きの気持ちを理解する努力もしてきました。その努力がいつの間にか趣味になるのに、そう時間はかかりませんでしたが……。

創業から1年が経過し、Ｍａｋｕａｋｅも、いろいろ実績が出始めた時期だったので、そろそろアニメもやってみたいし、それなりの資金を集められるレベルまで来た自信もありました。満を持して真木さんにお会いしたところ、「クラウドファンディングには注目していた。どこかで活用してみたいと思っている」と言ってくれたのです。

▼『この世界の片隅に』はヒットの方程式と真逆の作品

アニメ作品の成功をどこに置くかは難しいのですが、あえて「稼げた」ということに主眼を置くとすると、成功のためには稼ぐためのマネタイズポイントを複数化する必要があります。

たとえば、「声優のライブや握手会を開く」「よく売れるグッズをつくる」「スマホのゲームにする」「パチンコへ展開する」「おもちゃをつくる」など、アニメ作品単体としての収益は限られるため、その周辺の収益も含めて増やしていくことで収益性を高めるのです。

こうした収益性が高い作品には、企業からの出資が集まりやすくなります。このため、アニメ制作のエコシステムにマッチした、出資が集まりやすいアニメ作品というのは、どうしても偏ることになります。

日本では現在、ワンクールで約50本のアニメが製作されており、世界的に見てもトップレベルのアニメをつくる環境があります。その中でつくるには、それなりのお金が必要であり、それが集められない作品をつくる方法は、基本的にありませんでした。

映画『この世界の片隅に』の原画

真木さんから、『この世界の片隅に』の企画が出されたとき、「これでいくら集まりそう」と聞かれました。『この世界の片隅に』は、いわゆるアニメの収益的ヒットの方程式の真逆にあるような作品で、劇場で作品を見てもらうことのみで収益を上げるタイプのものでした。

映画の製作委員会を立ち上げることも極めて困難な作品で、普通のプロデューサーからすると「儲かるだろうな」というイメージが最も湧かなかった作品だと言っても過言ではありません。『この世界の片隅に』の企画自体は、２０１０年ごろからスタートしていました。片渕須直監督が取材に行ったり、実際に絵を描いてみたりしていたのですが、製作委員会がなかなか組成されないため、途中から真木さんが救世主のプロデューサーとして入ったのです。それでもなかなか製作委員会は立ち上がりませんでした。

そんなときに私と会って、クラウドファンディングをやってみようかということになります。映画の完成までには数億円がかかり、その全額をMａｋｕａｋｅで集めるのが理想でした。しかし、世界的に見てもそれだけのお金を集めた映像作品はほとんどないことから、現実的にいくらぐらいなら集められるのか、いろいろ考えあわせて、短時間のパイロットフィルム（試作品イメージアニメ）をつくるための２０００万円を、プロジェクトの目標金額に設定しました。

パイロットフィルムができれば、よりイメージが湧きやすくなりますので、法人から大きな額の出資を集めて、劇場版の完成に必要な資金を集める予定でした。

プロジェクトで２０００万円を集めることができれば、まだつくられていないアニメ映画作品に、「見てみたい」と思ってお金を出す人が大勢いることの証明にもなります。

２０００万円という金額は、映像作品としては、当時の日本では集めたことのない金額で、国内ナンバーワンを目指す目標でした。簡単ではないことは私もわかっていたので、正直、本当に集められるのか不安がいっぱいでした。

ただ、この作品内容、監督、プロデューサー陣、製作スタッフ陣で2000万円を集めることができなければ、もう金輪際、アニメ作品づくりでクラウドファンディングは使ってもらえないだろうなと思っていました。

ちょっとカッコよく言うなら、日本の強みをさらに強めるための加速エンジンとなるMakuakeが、その真価を問われる場面で本領を発揮できなければ、今後、どんなに使い勝手がよくなっても、二度と使ってもらえないだろうと考えていました。

「あの人たちでも失敗するんだ」

そう思われてしまったら、アニメのクラウドファンディング利用は、もう誰もやらないだろうと思えたので、私も覚悟を決めてこのプロジェクトに取り組みました。

15年3〜5月に行われたプロジェクトは、目標金額2160万円に対して、3912万1920円を3374人の支援者から集める大成功となりました。

プロジェクトの成功により、パイロットフィルムがつくられ、7月に試写イベントで上映されたときの感動の程は言うまでもありません。

▼劇場版のエンドロールに支援者の名前を掲載

『この世界の片隅に』のプロジェクトでは、支援者へのリターンに何を提供するかも、議論が白熱しました。パイロットフィルムをつくってそれを見てもらうのが一つですが、それ以外に、たとえば、「原画を提供する」「台本を声優のサイン入りで提供する」「試写会で声優と握手できる」など、ファン感謝会などでよくあるものには、みんなしっくりこないでいました。物欲的過ぎる感じがして、それが興ざめ感を与えてしまい、つくって欲しいという想いの強さに冷や水をかけることにならないか、と危惧したのです。

そんな議論をしているとき、プロデューサーが言いました。

「金額の多寡にかかわらず、エンドロールに名前を入れるだけにしないか」

この一言が決め手となりました。最終的には、金額が高い人の名前のほうが大きく掲載されることにしましたが、単純に「見たい」という想いを集めるために、劇場版が完成したあかつきにエンドロールに名前を載せるというシンプルなリターンの設定になったのです。

だから、劇場版を完成することが決まったときは、支援者3374人は大喜びでした。

支援者は、劇場版が公開されてから映画館に見に行き、その内容に感動するとともに、エンドロールに自分の名前があることを誇らしく思ったことでしょう。

逆に、そこに名前を載せることができなかった人は、少し悔しく思ったかもしれません。そうしたことも、劇場版の大ヒットにつながった一つの要因だと考えています。

▼なぜ映画化が決まっていない作品に4000万円弱が集まったのか?

4000万円近くのお金が集まった理由の一つは、プロジェクト期間中にいろいろなメディアにとりあげられたことです。

映画が劇場で公開されてからの人気は、SNSによってその感動が広まったのが大きかったのですが、クラウドファンディングが盛り上がったのは、SNSだけでなく既存のテレビや新聞などのメディアの影響が大きかったと言えます。

『この世界の片隅に』は、広島が舞台でした。たまたま広島テレビに私の知人がいたので、「これって、ちょっと話題になっているんだけど、聞いたことある?」と電話をしました。

知人は、「クラウドファンディングをやっているんでしょう」と知っていたので、「ニュースにならないか聞いてもらえる」とお願いしました。

その後、広島テレビの報道の担当者が興味をもってくださり、「広島に来た際には取材させてください」ということで監督とプロデューサーが広島に行った際に、ニュースとしてとりあげてもらいました。

それ以外にも、中国新聞社など、広島地域の大小のメディアにPR活動を行い、いくつものメディアがとりあげてくれました。こうした地元人たちとメディアの応援が、まずもって大きかったと思います。

「おばあちゃんから戦争の話を聞いたことがある」「母親が広島出身です」といった、広島に縁のある人たちが支援者になってくれたのも、大変な力になりました。

もう一つ、成功の要因を挙げれば、監督のパワーです。片渕須直監督は、2010年ごろから5年近くもずっと、この作品に関することをツイッターでつぶやき続けていました。

プロジェクトのときに、そのフォロワーに向かって「クラウドファンディングが行われる」ことをつぶやいたことで、監督のファンが支援者になってくれました。

この片渕監督のツイッターでの「つくりたい」という想いのつぶやきと、その数百人のフォロワーの「見たい」という想いの熱いやりとりを初めて読んだとき、私は「これは氷山の一角かもしれない。こういう人たちが実はもっとたくさんいるかもしれない」と自然と思えたことを今でも覚えています。クラウドファンディングをやる前に感じた、小さいながらもまぶしいまでの光でした。

このときの経験に加えて、それ以来、クラウドファンディングにまつわるさまざまなツイッター上のやり取りを数多く見てきました。だからか、今では、どういったつぶやきが行われていれば、その人がクラウドファンディングでお金を出す支援者になってくれるのか、実感値としてわかるようになっています。

つくり手本人が、とてつもない熱量で情報を発信することは、コンテンツ系のクラウドファンディングでは絶対不可欠です。

ともすると、プロデューサーだけが頑張っていたり、広報担当者だけが頑張る例もありますが、それだけでは「見たい」という人に対して届ける熱量が不十分です。つくり手本人が「なぜつくりたいのか」を、ダイレクトに伝えていくことが非常に大事になります。

以前は、それができませんでしたが、今は、SNSでできます。つくり手本人が、自分の想いをダイレクトに伝えられるようになったのは、大きな変化だと思います。

AKB48がなぜヒットしているかと言えば、ファンがダイレクトにつながることができるからであり、それが「応援したい」という気持ちの源にあるからでしょう。

つくり手、表現者の想いがどれだけ伝えられるか。それが、応援にダイレクトに跳ね返ってくる時代になっています。

▼劇場公開までファンの熱量を上げ続けることにも成功

『この世界の片隅に』は、こうの史代さんの漫画が原作です。漫画は作品として非常に高い評価をすでに得ていました。ただ、漫画を中心としたコミュニティは特に存在せず、どうやって、この漫画のファンにリーチしていくかには、大変苦労しました。

たまたま、Makuakeの社内に原作の漫画の大ファンだというキュレーターがいたので、『この世界の片隅に』のプロジェクトを担当してもらい、原作のファンの気持ちもプロジェクトを検討する際には、反映させることができました。運命的な奇跡だったかもしれません。

Makuakeで多くのお金が集まっていることがニュースになったことで、製作委員会に出資のオファーがいくつもあり、配給会社との話も急速に進み始めました。

クラウドファンディングのプロジェクト終了後間もなく、製作委員会が立ち上がり、必要な資金のめども立ったため、劇場版の製作と上映が想定以上に早く決まります。

そして、特筆すべきは、クラウドファンディングが終わったあとの支援者とのコミュニケーションです。それまでに私が見たことがないほど、群を抜いた努力でコミュニケーションを行っていました。

映画の製作チームは、寝る間を惜しんでアニメ製作に集中していたのですが、それ以外のスタッフが総出で、映画公開までの1年半の間、継続的に製作過程や舞台裏などを報告し、それに対する支援者の声に対しても返答するなど、コミュニケーションを深めていったのです。

たとえば、ほぼ休まず毎週送られるメールマガジンで製作の途中経過を報告するだけでなく、原画や舞台となる広島の紹介など、さまざまな角度から『この世界の片隅に』の世界観を伝えていました。

また、パイロットフィルム完成時には、東京・大阪・広島の3都市で試写会と監督のトークショーを実施。自分たちの応援で実際にアニメーションが動くのを目にした支援者たちの熱量はさらに高まりました。

それ以外にも、計4回、季節ごとに映画の主人公からの絵葉書を支援者に送りました。原作の作者であるこうの史代さんが描き下ろした絵葉書を、わざわざ舞台となった広島県呉市の郵便局の消印を付けるために、呉市の郵便局に行って投函するという手の込みようでした。

そういった支援者への手厚いコミュニケーションを続けた結果、16年11月12日に劇場公開となった際には巨大な応援熱量となり、初日から満員御礼、立ち見が出る映画館も続出するほどの異例の大ヒットにつながったのだと思います。

さらに、『君の名は。』など、アニメ映画の当たり年とも言われる中、『この世界の片隅に』は、日本アカデミー賞アニメ部門で最優秀賞を受賞しました。

私も、公開当日に劇場に見に行ったのですが、作品のクオリティはもちろんですが、劇場で一緒に見ていた他の観客の人たちの感動した様子を見たとき、本当にMakuakeをつくって良かったと涙が止まらなくなってしまいました。

世に出ていないアニメ企画の中に、世の中を感動させるような名作が埋もれているのだということを、『この世界の片隅に』は証明してくれたのです。

▼お蔵入りしている名作を一つでも多く世の中へ

アニメのクラウドファンディングに関しては、『この世界の片隅に』が大成功。一振り目で大ホームランを打った感じです。もちろん、前に述べた通り、これがダメだったら次はないという背水の陣で臨んだから大成功できたのだと思います。

アニメのクラウドファンディングは、まだそれほど数は多くありません。

一口に「アニメ好き」と言っても、さまざまな人がいます。『この世界の片隅に』を好きな人たちは、いわゆる「アニメおたく」ではありません。普段それほどアニメを見ない人たちで、見ても宮崎駿作品くらいという人たちが多かったと思います。

このため、『この世界の片隅に』で成功したノウハウを他の作品に横展開できるかと言うと、私はそれだけではうまくいかないと考えています。と言うより、アニメのクラウドファンディングは、作品それぞれの特徴をよく見て、特徴に合ったプロジェクトを一つ一つくりあげていく必要があるのではないかと考えています。
それだけに時間はかかりますが、お蔵入りしている名作を一つでも多く世の中に出すために、今後もさらなる工夫を重ねていきたいと思っています。

▼地上波でつくれなかったシーンを支援金で製作

『この世界の片隅に』以上に支援金を集めたのが、『少年ハリウッド』です。『少年ハリウッド』は、地上波で全26話が放映された、20代、30代の女性に人気のアニメ作品です。男性5人のアイドルグループ「少年ハリウッド」が主人公の物語で、映画館で上映し、それを見ながら、みんながペンライトを振って応援する「応援上映」が行われるほど、人気を博しました。

地上波の放映には、主題歌も含めて25分という厳しいルールがあります。そのルールがあるがために、最終話のライブシーンでは主人公たちが歌うシーンは一部しか放映できませんでした。時間的制約があり、企画上カットするしかなかったのです。

このため、ファンからすると、完結したようで、作品としては完成していないという不

アニメ『少年ハリウッド』

満がありました。この思いは、実はファンだけでなく、つくり手にもありました。

そこで、この最終話のライブシーンを完成させよう、そのための製作資金を集めようということで、Ｍａｋｕａｋｅでクラウドファンディングが行われました。

支援金を１５００万円集めて、ライブシーン１曲を完成させるのが目標でしたが、それ以外にストレッチ目標として、２０００万円集まったらアンコール曲１曲とＭＣを製作、３０００万円集まったらＭＣからもう一曲を製作、４０００万円集まったら５人のソロメドレーも製作、そして、５０００万円集まったらＭＣからさらに２曲を製作するというように、集まった金額に応じて製作内容が充実するように目標金額を設計しました。

16年7月から始まったプロジェクトは、次々と目標金額を達成していき、最終的には、5958万2000円を支援者3140人から集めることに成功。全曲を製作するだけの資金が集まりました。集めた支援金額は当時の最高額でした。

ファンの完成版をつくって欲しい、完成版を見たいという気持ちと、つくり手も完成版をつくって、それをファンに見て欲しいという気持ちがあり、この両者をマッチングして実現させたのがＭａｋｕａｋｅなのです。

いろいろな事情で完成できなかった作品を完成させるというのも、クラウドファンディングの新しい使い方でした。今後、こうした使い方も増えてくるのではないかと思います。

『この世界の片隅に』が、作品を「つくるため」だったのに対して、『少年ハリウッド』は、作品を「完成させるため」の資金調達でした。

▼ファンコミュニティをつくる目的で活用

クラウドファンディングには、応援コミュニティを育てていくという使い方もあります。

『迷家－マヨイガ－』という作品は、製作して地上波で放映されることが決まっていました。監督はヒット作品を連発している水島努。脚本もヒット作品を次々と出している岡田磨里。この二人がタッグを組むということで期待値が高く、この作品のファンコミュニティをつくりたいということで、プロジェクトが発案されます。

アニメ『迷家－マヨイガ－』

地上波で作品が放映されている最中にクラウドファンディングを実施するという新しい使い方を試みました。応援アンバサダーとして、ファンクラブに入るような感じです。

作品が、幻の村に迷い込んでしまう内容だったので、金額に応じて「ゴールド村民」「シルバー村民」「ブロンズ村民」という村民証がもらえるといったようにエンターテイメント性も加味したリターンを設計しました。

支援者がファンとして、情報をＳＮＳなどで拡散し、作品を応援してくれたらいいな、そのためのコミュニティをつくろうというのが、このプロジェクトの目的でした。もちろん、宣伝資金を集めるという意図もありました。

16年3月にスタートしたプロジェクトは、目標金額333万円に対して、1095万8000円を335人の支援者から集めました。

▼アニメ映画も小さく生み出す

実写の映画も数多くサポートさせていただいていますが、アニメと実写のクラウドファンディングが違う部分でいうと、アニメにおいても、原作や監督、出演者となる声優が大事になりますが、たとえ声優が決まっていなかったとしても、製作前の企画段階のコンセプト画やあらすじでも完成したときのイメージがわきやすく、お金を出して支援しやすいという面があるのです。

また、アニメの場合は、短時間のパイロットフィルムをつくるためにクラウドファンディングを活用することができます。

まったくのゼロでは、その作品の良さがわかないとしても、数分間でもアニメーションが動き、ストーリーがわかる映像をつくってそれを見ることができれば、その作品のかなりの雰囲気が伝わるのではないでしょうか。

数分間の映像であれば、１０００万円くらいあればつくることができます。クラウドファンディングで小さく生んで、それを成功につなげることもできるのではないかと考えています。

少年漫画雑誌では、読み切りを掲載して、アンケートでその作品の人気が高ければ、連載されるというプロセスがありますが、それと似たことがアニメ映画でできれば、新しいタイプのアニメ映画が生まれる可能性が高まります。

つくり手が本当に面白いと思っているものを、小さく生むための資金集めにＭａｋｕａｋｅでチャレンジし、資金が集まればパイロットフィルムをつくり、それを見てもらうことでさらに多くの資金を集める。これができれば、いくつかのお蔵入り作品は日の目を見ることができるようになるのではないでしょうか。

アニメの「リーン・スタートアップ」と言ってもよいかもしれません。良い作品がお蔵入りするのを防ぐためにも、日本の強みがさらに強くなるためにも、もっとこうしたＭａｋｕａｋｅの使い方が増えてもいいなと思っています。

▼支援者が得られるのは名誉

いよいよ日本でも、1億円を集めたクラウドファンディングが登場し、今後は億の単位の資金集めもどんどん増えるでしょう。

1回目のクラウドファンディングで1000万円を集めてパイロットフィルムをつくり、2回目に完成版をつくるための1億円以上の資金を集めることも夢ではないのです。日本が誇るアニメ産業のクオリティであれば、最初からいきなり億円単位で集めることも現実的になってくると思います。

夢に投資した人たちは、作品のエンドロールに自分の名前が掲載されます。それが何十年も見られ続ける後世に残る名作になれば、一生の思い出になりますし、自分の子供に「ほら名前が載っているだろう」と、ちょっと自慢できるかもしれません。

お金や物としてのリターンはありませんが、その作品が無名で、つくられるかどうかもわからない段階で支援した、名作を生み出すお手伝いができたというのは、自慢になりますし、名誉なことであり、誇れることだと思います。

『この世界の片隅に』が、今後日本でどれくらい見続けられるのか、世界に広まっていくのかは未知数ですが、後世に残る作品になる土俵には立てたと思います。うまくいけば、エンドロールに名前の載っている人は、一生自慢ができるようになるかもしれません。

3 全国の金融機関に融資チャンス到来

▼進まなかったメーカー、飲食店の活用

2014年に、Knotや大手企業がMakuakeを活用してくださり、プロジェクトも成功して話題にもなったため、メーカーの活用も少しずつ増えました。しかし、15年に入っても、毎月何百件というクラウドファンディングに関する問い合わせがある中で、メーカーからの問い合わせの割合は低いままでした。

飲食店も同様で、14年にローストホースが活用して成功しましたが、問い合わせが大き

く増えることにはなりませんでした。

そのころわれわれはＭａｋｕａｋｅの活用法として、新製品を出す際に大切になる「資金」「テストマーケティング」「プロモーション」を提供でき、飲食店の開業に大事な「資金」と「ロイヤルカスタマーの集客」が行えることを説明するようになっていました。

結果、説明を聞いていただいたメーカーや飲食店の活用は確かに増えたのですが、そもそも、説明相手のメーカーや飲食店の数が増えないのが頭痛の種でした。

メーカーや飲食店のクラウドファンディングの利用が進まないのはなぜなのか。よくよく考えてみると、インターネットビジネスは、個人向けのサービスが多く、企業向けのサービスイメージがあまりないことに気がつきました。

楽天のような小売店向けのビジネスや、飲食店の検索サービスもありますが、メーカー向けのインターネットビジネスの成功例をあまり聞いたことがありません。

つまり、インターネットビジネスは、これまで、メーカーへのアプローチが大変苦手だったのです。それは、私たちＭａｋｕａｋｅも同じでした。

一方で、日本全国津々浦々に、すばらしい技術をもったメーカーがあることは、プロジェクトの成功事例からわかっていました。ものづくりに関しては、東京のプレゼンスは必ずしも高くなく、地方にも膨大な可能性があります。

そうした日本全国の優れた技術をもった企業にアプローチしたいのですが、Ｍａｋｕａｋｅの社員は現状40人しかいませんので、とても地方回りをしている余裕はなく、物理的に取り込みを図るのが難しかったのです。

こうした点をうまく補ってくれる、良きパートナーを探していました。

▼城北信金がきっかけに

15年4月、東京都の城北信用金庫と、是非地元の企業をどんどん紹介させてくださいという話になりました。城北信金では、クラウドファンディングを新しいマーケティングツールとして注目しており、Ｍａｋｕａｋｅについても成功事例など、よくご存知でした。

城北信金の担当者の方と話してわかったのは、メーカーは、ぽっと出の新しいサービスに問い合わせをするようなことはせず、フェイス・トゥ・フェイスで話をすることではじめて信用する文化だということです。

彼ら彼女らは、驚くほど汗をかいて、地元の企業を回り、サポートを行っていました。

飲食店をＭａｋｕａｋｅに紹介してくれたりメーカーを紹介していただけるのも、その企業に成功して欲しいと考え、顧客商売の営業支援の一環としてでした。

クラウドファンディングの活用法をきちんと説明して、仕組みを理解してもらったうえで、実際に行ったいくつかのプロジェクトが成功したこともあり、地元企業の創業や新規事業開発、新製品開発にクラウドファンディングを活用してもらっています。城北信金との連携はどんどん加速しています。

そして、これは東京だけではなく、地方でも同じことができるのではないかと思い、いくつかの地方銀行や信用金庫と話をすると、どこも前向きに検討してくれ、次々に連携先が増えていきました。

もともとクラウドファンディングは、金融の仕組みでもあるため、地銀や信金が注目をしていました。しかし、仕組みはわかっていても、どう使えばいいのかがわかりませんでした。

そこへ、Ｍａｋｕａｋｅが一つの答えとして活用事例を説明したため、連携がスムーズに次々と決まったのではないかと考えています。

地銀や信金に紹介された地方の企業のプロジェクトが成功し、新製品や新店も成功するという成功パターンがいくつも出てきたことで連携先は増えていきます。

▼『ガイアの夜明け』で一気に連携先が拡大

地銀や信金との連携のきっかけが、城北信金だったとすると、急拡大の引き金となったのは、テレビ東京系列で17年1月17日に放映された『ガイアの夜明け』でした。

地銀や信金も、クラウドファンディングでできるのは、地域活性化のための寄付金や支援金集めぐらいだろうと思っていたのが、『ガイアの夜明け』を見て、クラウドファンディングの具体的な活用イメージが湧いたようです。その内容は、次のようなものです。

岐阜県のＢｔｏＢメーカーが、自分たちがもつ金属加工技術でつくった消費者向けの新製品を開発。「Ｋｅｙ Ｑｕｅｓｔ（キークエスト）」という鍵の形をした便利グッズで、栓抜きやマイナスドライバー、段ボールカッターなど6種類の機能があります。

しかし量産には資金が必要で、地元の岐阜信用金庫に融資を依頼するも、岐阜信金もその新製品が本当に売れるのか判断ができません。そこでＭａｋｕａｋｅを紹介し、見事、目標金額の資金集めに成功して、売れる可能性が十分にあることがわかった岐阜信金が融資を行い、量産が実現するという内容でした。

地方の優れた技術と面白いアイデアをもつ企業と、その地元金融機関、そしてＭａｋｕａｋｅが連携することで、ヒットが生まれた、まさにＷｉｎ－Ｗｉｎ－Ｗｉｎの成功事例として紹介されました。

この番組を見た他の銀行や信金も、これなら自分たちもやってみたいと思ってくれたようで、それからたくさんの連携の相談がまいこみました。

地銀や信金にとっては、地元企業が新製品を出したいと言ったときに、それが売れるのか売れないのかを判断する材料が乏しかった。その判断材料の大きな一つとなったのが、Ｍａｋｕａｋｅでのプロジェクトの実績でした。

▼金融庁の方針変更も後押し

地方の金融機関が、Ｍａｋｕａｋｅと連携して、地元企業にクラウドファンディングを勧めるのには、大きく二つの理由があります。

一つは、営業サポートです。地元企業の成長を支援する、営業をサポートすることは、地方の金融機関にとって非常に重要な役割です。ですから、Ｍａｋｕａｋｅを「テストマーケティング」「プロモーション」「顧客獲得」のためのツールの一つとして地域の事業者に紹介してくれています。

二つ目は、金融庁が事業性を評価した融資を増やすように金融機関に促していることです。今までは、過去の実績の評価が主だったのが、未来のための積極的な融資を強める方針に変わったのです。

しかし、生活者向けの新製品や新店は、それが本当に成功するのかを判断する判断材料がほとんどありませんでした。だから、金融機関の担当者の感覚に頼る部分が大きかったがゆえに、融資しづらいケースが多かったのです。

Ｍａｋｕａｋｅを活用すると消費者の反応がダイレクトにわかります。さらに、消費者（支援者）の属性（性別、年齢、居住地等）も。それを融資の判断材料の一つに活用し、結果が予想以上に良い場合は融資枠を増額するような例もでてきています。これが、まさに事業性を評価した融資になります。

地方の金融機関も、事業性を評価して融資を増やしたいと以前から考えていましたが、その評価の判断材料となる客観的なデータが乏しいがために、融資できずにいました。その状況に風穴を開けたのがＭａｋｕａｋｅで、融資の一つの判断材料となる客観的データを提供できるようになったのです。

▼プロジェクトの多くを占めるまでに拡大

クラウドファンディングで集まった金額が目標金額を大きく超えれば、それだけその新製品や新店の支持者がたくさんいることになりますが、金額がすべてというわけではありません。

「こんな製品があったら買いますか」という問いに「買います」と答える単なるアンケートとは違い、支援者は実際にお金を払うので、その結果の信頼性はアンケートよりも非常に高いものになります。

プロジェクト実行者である地元企業も、お金が集まり、支援者の応援の声などを聞くことで、自信をもって「お金を貸してください」と金融機関に言えるようになります。

Ｍａｋｕａｋｅのプロジェクトを見て、小売業者から「自分の店で売ってみたい」という問い合わせがくることもあります。こうしたヒットの兆しがいくつか見えてくると、それらも金融機関の融資の判断材料になります。

現在、Ｍａｋｕａｋｅでは、毎月１００件前後のプロジェクトがスタートしています。北は帯広信用金庫から、南は沖縄の琉球銀行まで、全国津々浦々の金融機関70以上と連携していますが、独自の連携のノウハウもできあがってきており、今後、もっと増えることは間違いないでしょう。ちなみに、地銀や信金が、ライバルとして地元企業を取り合うことはなく、逆に、地元の経済の活性化のためにいくつかの金融機関が横の連携を行うこともあります。

プロジェクトとしては、メーカーや酒蔵の新製品と飲食店の開業が多いでしょうか。リンゴのシードルをつくりたい、枕をつくりたいなど、アイデアを活かした便利グッズの新製品も多くあります。

目標金額を達成する確率も、金融機関から紹介していただいたプロジェクトは高くなっています。

地方の金融機関から紹介される件数は増え続けており、現在の10倍になっても私はまったく驚きません。それぐらい、まだまだ埋もれている技術やアイデアがあると考えています。

▼金融機関が実行者を紹介するのは日本だけ

金融機関との連携が進む中、メガバンクのみずほ銀行とも連携を行っています。みずほ銀行は、全国に支店があり、地銀や信金に比べると規模の大きい企業との取引が多く、そうした企業を紹介してもらっています。その中には、もちろん大企業もあります。

しかし、規模の違いはあれ、営業サポートとして、融資の判断材料の一つとなるテストマーケティングとしてＭａｋｕａｋｅを活用するという目的は同じです。

金融機関と連携することで、インターネットで問い合わせを受けているだけでは、絶対に出合うことがない地方のメーカーや飲食店が、Ｍａｋｕａｋｅを使ってくれるようになりました。

このように金融機関からプロジェクト実行者を紹介してもらうというのは、世界にも例がなく、Ｍａｋｕａｋｅならではの独自のクラウドファンディングの進化です。金融機関が融資を判断する際の「当たり前ツール」に、Ｍａｋｕａｋｅがなれたらと思っています。

地方の金融機関の融資担当者は、担当する企業の事業内容だけでなく社長の趣味まで知っているくらい密なお付き合いをしています。それを踏まえて、その企業のサポートを行っています。これは世界的に見ても、非常にまれなのではないでしょうか。

地方の金融機関は、融資先の課題だけでなく、地元の課題についても精通しています。それほど、地元密着度が高いのです。インターネット企業には真似できない情報の蓄積があり、ありがたいパートナーだと感じています。

Ｍａｋｕａｋｅでプロジェクトを行う地元企業、それを支援する地方の金融機関、新製品や新店のユーザーの三者がＷｉｎ－Ｗｉｎ－Ｗｉｎになるようにしたい。

地方のメーカーや飲食店などの企業が元気になれば、雇用も増えます。人が増えればサービス業も増え、地域が活性化します。

日本には、津々浦々にまで、新しい価値を創造できる会社が無数に存在しています。ヒット潜在力をもったアイデアをお蔵入りさせることなく誕生させることで、ヒットを生み出した地元も潤い、本当の意味での地域創生につながります。

「地元のために」という熱い思いで仕事に取り組む金融機関と連携することで、地方が元気になり、日本がもっと元気になればと思っています。

ここまで、Ｍａｋｕａｋｅを活用した、代表的なビジネスの成功事例を見てきました。

各業種や産業の新しいものを生み出すエコシステムはそれぞれ違うため、深く理解することはなかなか難しいのですが、それを理解したうえで、Ｍａｋｕａｋｅがそれぞれの業種や産業の成功ストーリーの新しい幕開けをお手伝いすることができれば、一回限りのお付き合いに終わることなく、繰り返し何度も使ってもらえるツールとなり、プラットフォームになれるのだと思っています。

4章

プロジェクトを成功に導くノウハウ

▼どのくらいの期間で新製品や新店がつくれる？

この章では、クラウドファンディングを行う実行者に向けて、プロジェクトを成功に導くポイントやノウハウを紹介したいと思います。

まず全体のスケジュールを説明しましょう。

Ｍａｋｕａｋｅには何かを作りたい多くの実行者から日々問い合わせをいただきます。お問い合わせをいただくと、担当のキューレーターから連絡をさせていただき、すぐにサポートが開始します。すべての実行者にキューレーターのサポートがつくので、作りたいアイデアがあれば、Ｍａｋｕａｋｅの使い方を知らなくてもキューレーターの案内にしたがっていけば掲載スタートできる仕組みです。

掲載までの準備期間は千差万別で、作りたい物事がハッキリしている場合は、１～２回の話し合いでプロジェクトの実行が決まります。逆に、作りたい物事のイメージがまだふわっとしていて固まっていない場合には、掲載開始までに数カ月かかることもあります。

プロジェクトの具体的な形が固まってから、実際にプロジェクトを開始するまでの「プロジェクト準備」期間は、約1カ月です。

この「プロジェクト準備」期間は非常に重要です。

そこでは、このあと詳しく述べる「特長」「ターゲット」「体験」をまず明確にします。

そして、自分たちの特長と使ったときの体験がターゲットにきちんと届くよう、プロジェクトのページをつくっていきます。

クラウドファンディング開始から終了まで、つまり支援者からお金を集めている「プロジェクト期間」は通常2～3カ月です。ただ、数週間だけ限定など、短期間に設定することもできます。

プロジェクト終了後、リターンを支援者に渡すまでが、「活動レポート期間」となります。

新製品ならそれが完成するまでで、この活動レポート期間も千差万別です。長いものだと6カ月、多いのは3～4カ月でしょうか。

飲食店の新店開業の場合は、新店の不動産物件が決まっていることがプロジェクトを行う要件となっているため、プロジェクト終了後、1～2カ月後に新店をオープンするケースが多くなっています。

ちなみに、新製品のプロジェクトを行う要件は、試作品があり、量産する場合の工場などもある程度目処が立っていることです。

新製品の場合、プロジェクトを行うと決めてから、プロジェクト準備に1カ月、プロジェクト期間が3カ月、リターンを支援者に渡すまでが3カ月だとすると、全体で7カ月、つまり「半年ちょっと」で新製品がつくれることになります。

飲食店の新店の場合は、プロジェクト準備に1カ月、プロジェクト期間が3カ月、新店オープンまで2カ月だとすると、全体で6カ月。半年で新店をつくることができます。

もちろん、支援者にリターンを渡したあとも、プロジェクト実行者は、活動レポートやメッセージ機能を通じて支援者とのコミュニケーションを続けることができます。

プロジェクトが成功してもしなくても、すべてのプロジェクト結果は、Ｍａｋｕａｋｅのサイト上で見ることが可能なので、掲載を希望される実行者は、ぜひ参考にしてください。

Ｍａｋｕａｋｅの収入となるのは、プロジェクトで集まったお金の15％のみです。さらに決済手数料が5％かかりますが、それ以外にプロジェクト実行者が持ち出すお金は、一切ありません。

もしプロジェクトでお金が集まらなくても、サイト掲載料やプロジェクト支援料などといった名目で、Ｍａｋｕａｋｅがプロジェクト実行者にお金を請求することはありません。

▼プロジェクトを成功に導く3要素

クラウドファンディングで、私が一番大切だと考えているのが「クリエイティブディレクション」です。ここで言うクリエイティブディレクションは、たんに写真や動画などの見栄えを良くするということではありません。

自分たちの製品や店の「特長」をはっきりさせ、その製品や店を魅力的だと思う人たちを「ターゲット」として明確にし、ターゲットが実際に製品や店を使った「体験」をイメージすることが非常に大切なのです。

このプロセスは、広告キャンペーンを打つときのプロセスに似ています。私自身、有名クリエイティブディレクターである小霜和也さんの著書『ここらで広告コピーの本当の話をします』（宣伝会議）の影響を強く受けており、小霜さんの広告の考え方をクラウドファンディングのプロジェクトに活かしています。

これは余談ですが、Ｍａｋｕａｋｅの社員には、小霜さんのクリエイティブディレクター塾を卒業した人が2名います。それほど、クリエイティブディレクションとクラウドファンディングのプロジェクトは親和性が高いのです。

「特長」は、新製品や新店の独自性であり、ユニークな部分です。まずはこうした特長となる可能性がある点を、キュレーターを壁打ち役にして次々とあげていきます。

次に、「ターゲット」のイメージを膨らませます。「20代女性」ではなく、「都会的な生活を送っていて、インテリアにこだわりがあり、エコ意識の高い人」といった文章になるくらいのかたちで表現します。

そして、「このターゲットが魅力的だと思う特長は何なのか」を考えていきます。定量よりも定性が非常に重要で、魅力をうまく言語化することで、どういった特長がターゲットに対して魅力的に映るかが見えてきます。

この「特長」と「ターゲット」が大切なのですが、それだけでは、人は動きません。人は、製品や店にお金を出すのではなく、「体験」にお金を出すと言われています。クラウドファンディングにおいても同様で、その製品や店を使うと、どういう「体験」が待っているのかを、イメージできるように言語化します。

▼「特長」「ターゲット」「体験」を具体的に言語化する

それでは具体的に、すでに紹介した「ＧＯＤＪ　Ｐｌｕｓ」で、「特長」「ターゲット」「体験」をどのように言語化するのかを見ていきましょう。

まず「特長」ですが、「Ａ４サイズ」「１kg以下」「音楽を機械にメモリできる」「スピーカーの質が高い」「銀色と黒色がある」「ＤＪプレイに必要な機能は揃っている」「12時間以上再生できる」などがあります。

トータルすると、「持ち運ぶのに便利」という「特長」があると言えるでしょう。

では、「ターゲット」はどういう人でしょうか。ＤＪプレイヤーを持ち運んで使いたい人とはどんな人なのか、イメージを膨らませます。

最初に思い浮かんだのは、プロのＤＪでした。プロのＤＪが、クラブイベントなどで使うのに便利なのではないかと考えたのです。

しかし、よく考えると、クラブには本格的なＤＪプレイヤーが備え付けられているので、わざわざＧＯＤＪ　Ｐｌｕｓを使う必要はありません。なので、「クラブイベントでＤＪプレイに使いたいプロＤＪ」は、ターゲットにならないとわかりました。

それでは、プロＤＪがＤＪを持ち運んでプレイしたいシーンとは、どんなシーンでしょうか。ホームパーティやＤＪプレイヤーがないカフェでのイベントなどで、音楽で盛り上げたいときに使いたいというニーズはありそうです。

本格的なクラブイベントではなく「ＤＪプレイヤーが備わっていないけれど、音楽があると盛り上がるシチュエーションで、カジュアルにＤＪをプレイしたい人」という「ターゲット」が浮かび上がってきました。

このターゲット像なら、プロのＤＪだけでなく、プロではないがＤＪプレイができる人も「ターゲット」になります。

また、「これを機会にＤＪプレイを練習してみたい人」というのも「ターゲット」になり得るかもしれません。ほかにも、「ＤＪブームのときにＤＪプレイを楽しんだ経験があり、久しぶりにやってみたくなった人」もいそうです。

こうしたターゲット像については、プロジェクト実行者とキュレーターが一緒にブレストを行うことで固めていきます。ターゲット像も、最初はイメージを膨らませて、いろいろなターゲット像を出し、その中からメインとなる「ターゲット」を決めます。「パーティーやイベントなどでDJを気軽に楽しみたい人」といったように「ターゲット」を決めたら、具体的にGODJ Plusを使っているシーンをイメージして、どんな「体験」ができそうかを考えます。

たとえば、お花見にGODJ Plusを持って行き、普通ならスマホで音楽をかけるところを、「DJしていい?」と言いながら、GODJ Plusでカッコいい音楽をリミックスしながらDJプレイで場を盛り上げ、その場のヒーローになり、かつ特別な思い出ができて幸せを実感する、というように「体験」イメージを言語化します。

▼言いたいことが、ユーザーの聞きたいこととは限らない

「特長」「ターゲット」「体験」を一気通貫で考え、それを言語化することが、何よりも重要です。これが、「プロジェクト準備」期間の最初にやるべきことになります。

この三つが言語化できていると、あとはそれが支援者に伝わるよう、ページをつくれば

いいだけです。また、プロジェクトをメディアにPRするときも、「ターゲット」が見ていそうなメディアを選んで、新製品や新店の「特長」と「体験」を伝えることができます。

逆に、このプロセスを行わず、「特長」「ターゲット」「体験」が言語化できていないと、伝えることがボヤけてしまいますし、伝えるべきターゲットも定まりません。つまり、プロジェクトの失敗確率が増すことになるのです。

そもそも、新製品や新店の企画を生み出そうとする人は、「特長」「ターゲット」「体験」の三つを無意識に考えているものです。プロジェクト実行者の頭の中には、「ここがこの新製品の優れたところ」や「こんな人にこんなふうに使って欲しい」というイメージは必ずあるはずです。

ただ、それをうまく言語化できていないことが多いため、キュレーターを担当者として置くことで、言語化のお手伝いをするようにしているのです。

新製品や新店への想いが強ければ強いほど、特長ばかりを大量に並べがちです。つくり手として言いたいことが、ユーザーの聞きたいこととは限らないということを肝に銘じておきましょう。

「特長」「ターゲット」「体験」がしっかり考えられて言語化できているプロジェクトは、成功確率が圧倒的に高くなります。

▼魅力的なリターンの設計

リターンの設計は、ジャンルによってさまざまです。このことがクラウドファンディングを難しく感じさせる理由の一つかもしれません。

新製品のリターンは簡単で、新製品そのものになります。ただ、どういう品質になるかわからない段階で支援を集め、納期に間に合わないリスクや、形やデザインが変わるリスクもありますから、実際に製品が完成して販売するときよりも値段が高いのでは、支援者にメリットがありません。

したがって、市販する予定価格よりも低価格でリターンを設計します。

新製品の場合は、英語で「アーリーバード」と呼ばれる早割りを設計することもあります。まだ人気が出るかもわからない「最初の最初」の段階で支援者になってくれた人には、より安い価格で新製品を提供するというものです。

たとえば、支援者の最初の１００人は９５００円で、それ以後は１万円にします。市販するときは、１万２０００円。こうすることにより、プロジェクトで早く支援者が増えるという効果があります。

同様に、早く支援してくれた人に、先に新製品を渡すというかたちを取り、納期で差をつける場合もあります。

また、飲食店の会員権では最初の１００人は８０００円で、それ以後は１万円という設計もあります。飲食店の会員権をリターンにするのは、馬肉専門店ローストホースが最初に生み出した手法です。それを参考にして、多くの飲食店が会員権をリターンに設計するようになりました。

こうしたプロジェクト初期にスピード感をもって盛り上がるための工夫を行うことが大事になり、Ｍａｋｕａｋｅには、さまざまなノウハウが蓄積されてきています。

飲食店の場合は、通常よりもお得な食事券や会員しか注文できない裏メニューをリターンにすることもできます。飲食店の入口に支援者のネームプレートを置くリターンもあり、これは、ちょっとしたオーナー感を味わえる仕掛けです。

リターンではないですが、新製品の試作品のお披露目会に招待するなど、支援者の体験を高めるための工夫もあります。

自分が認めたアイデアあふれる新製品に、誰よりも早く見て触れて、情報が得られるのは、楽しいことでしょう。こうした、ほどよく近い距離感が、支援者を心地よくします。応援してくださる顧客との距離感を縮める工夫はさまざまなビジネスでやられており、クラウドファンディングに限ったことではありません。近年ヒットしている商品やサービス全般に言えることなのではないでしょうか。

プロジェクト実行者は、支援者から見れば、「よくぞ、夢の新製品をつくってくれた」というヒーローです。ヒーローを支援することで「お近づきになりたい」という心理があるのだと、私は理解しています。

▼余白をつくることで応援してもらう

一方で、コンテンツのリターン設計は、なかなか難しいものがあります。

アニメ映画の場合、エンドロールに名前を掲載するというのがリターンの一つの方法です。支援金額としては、1万円から2万円が多いでしょうか。

それ以外には、声優のサイン、セル画、先行試写会の招待、限定グッズのプレゼントなどがあります。

エンドロールに名前を掲載するというのは、自分が素晴らしいと思う作品が完成する前からかかわることができた「証」です。

そして、作品が完成する前に支援を決めるので、完成品が想像以上に面白くなることもあれば、そうならないこともあります。その点では、投資に近い感覚があるかもしれません。予想以上に面白くなって人気作品になるか、残念ながらそうならないか、投資感覚でお金を出すのもありなのです。

現在のヒットコンテンツのつくり方として、支援者が入り込める余白をつくっておくことは非常に大切です。余白としての足りないところを応援、支援してもらうのは合理的なことで、支援者も参加させてもらえたことに喜びを感じます。

モノを買ったから近くなった、手伝いをしたから近くなった、宣伝になることをやったから近くなったなど、人は、自分が好きなものとの距離感が近くなることに喜びを感じるのだと思います。

ちょっとした余白をつくり、ときには応援顧客に上手に甘えることも、ヒットを生むためには大切なのです。クラウドファンディング自体が、そうした仕組みを内在しているとも言えます。

▼門外不出の虎の巻でページづくり

プロジェクトのページづくりは、プロジェクト実行者に行ってもらいます。と言っても難しいことはなく、ジャンルごとの成功事例をもとにした門外不出の虎の巻（スターターガイド）があり、そのレイアウトを参考にしてサイトづくりを行ってもらえば簡単にできるようになっています。

テンプレートの穴を埋めるだけでも、それなりのページができますが、どこを強調するかや、文字や写真の大きさをなどは、キュレーターと個別に相談して決めていきます。

一通りできたら、今度はそのページを見ながら、「この写真よりもこんな写真があったら、そちらのほうが特長がよく伝わるのではないか」といった意見交換をしながら、ページの修正を行い、ブラッシュアップを図っていきます。

コピーライターが書くような、かっこいいキャッチコピーを考える必要はありません。あくまでも、「特長」「ターゲット」「体験」を伝えることに主眼を置きます。ですから、キャッチーなコピーよりも、わかりやすい文章が大事になります。

プロジェクトの内容を端的に表したタイトル文は、40字以内でまとめます。

「特長」「ターゲット」「体験」の明確化や言語化も、それを活かしたページづくりも、キュレーターが手助けしますので、決して難しい作業ではありません。

キュレーターはみんな聞き上手なので、プロジェクト実行者になろうという人は、安心して相談してください。

▼メディアへのPR活動はMakuakeの得意技

「プロジェクト準備」期間からプロジェクト期間に行うのが、メディアと個人に対するPR活動です。このPR活動がうまくいくと、支援者、支援金額が増えます。

PR活動で大事になるのも「特長」「ターゲット」「体験」の三つです。この三つがきちんと言語化されていれば、どのメディアに情報を届ければいいかが明確になります。

広報ＰＲチームが、世の中のさまざまなメディアと日頃から情報交換を行っており、どのメディアがどういった人たちに向けてどういった内容の情報を求めているかをしっかり把握するように気をつけています。

プロジェクトの実行者は、こうしたメディアとの接点は少ないので、そこはＭａｋｕａｋｅの広報ＰＲチームから情報をメディアのご担当者にお届けするサポートをします。

Ｍａｋｕａｋｅの親会社であるサイバーエージェントは、広報が強い会社ですし、もともと広告代理店業からスタートしているので、多くのメディアと接点をもっています。こうした強みが、Ｍａｋｕａｋｅにも活かされて独自のノウハウが蓄積されてきました。

日本のクラウドファンディングサイトで、これほどＰＲ活動に力を入れているサイトは、Ｍａｋｕａｋｅ以外にはないと思いますし、なかなか真似するのが難しい部分です。

テレビやラジオ、新聞、雑誌、ネットと、今は大小含めていろいろなメディアがあります。どこかには、そのプロジェクトに関わる情報を求めている人がいますので、その情報の架け橋となってあげることで、毎月５００記事ぐらいは掲載されています。

これらは外部のメディアに対してのＰＲ活動ですが、同時にサイバーエージェントグループのメディアに対しても、ＰＲ活動を行っています。

たとえば、アメブロの会員ページに情報を出したり、Ａｂｅｍａ（アベマ）ＴＶのニュースでとりあげてもらえるようにお願いしたりもしています。

Ｍａｋｕａｋｅの会員に向けても、どういう情報に興味があるかをデータ分析により把握しているので、その人たちにメールマガジンを送っています。実際に新製品を使ってみた体験動画をＭａｋｕａｋｅのＳＮＳアカウントから発信することもあります。

以上を整理して言いますと、外部メディアとサイバーエージェントグループ、Ｍａｋｕａｋｅの会員という3本柱でプロジェクト情報の拡散を行っているのです。Ｍａｋｕａｋｅの会員は毎年倍々で増えています。

▼SNSでの拡散がヒットには不可欠

どんなにテレビが「いいです。いいです」と一方通行で言っていても、ネット上に同様にほめる声がなかったら、「こんなに話題になっているのに、なぜネット上に意見がないのだろう？　たんなる宣伝なんじゃないか」と思う人が多い時代になりました。

現代は、マスメディアだけで情報を判断しない時代です。そこで大切になるのがネット上の「やらせ」ではない生の声で、これが、ヒットするための不可欠な要素の一つとなっています。

もちろん、その声が良いものであれば、掛け算となってヒットが促進されます。

プロジェクトのPR活動を行う際も、ターゲットにできるだけ届くように既存メディアとネットの両方の戦略を考えます。と言っても、何か特別なことをやるわけではなく、ターゲットとなる人たちに、「こんな新製品のクラウドファンディングが始まります」といった情報を告知して、「広めてもらえますか」「感想をお願いします」といった依頼を行うという、いたってシンプルな方法です。

プロジェクト実行者は、その新製品のターゲットの何人かとは必ずつながっています。まずはそこから、「本音でいいので感想などをお願いします」といったかたちで広めてもらいます。

「自分で情報を届けられる人には、確実に届けて欲しい」

常々、プロジェクト実行者にはこう言っています。知人への連絡はもちろん、SNSをやっているなら、それでも告知するなど、できることは全部やって欲しいと伝えます。

なぜなら、プロジェクト実行者が、熱意をもって一生懸命広めようとすることで、それを見て応援したいと思う人が増えるからです。

ネット上のＳＮＳは、これまでの一方通行の既存メディアと違い、双方向性があるメディアです。これからヒットを生むためには、このＳＮＳでどれだけ情報が拡散されるかがカギになりますが、このＳＮＳで情報を拡散してくれる可能性が高いのが、支援者なのです。

支援者がさらに支援者を呼んでくるプラスのスパイラルがつくれると、プロジェクトは間違いなく成功します。

▼活動レポートが支援者の熱量を増やす

クラウドファンディングを行うプロジェクト実行者の一番の目的は、お金を集めることでしょう。しかし、その次か、ひょっとするとお金を集めること以上の目的が、支援者を集める、つまり新製品や新店の顧客やファンを集めることです。

したがって、支援者になってくれた人たちとのその後のコミュニケーションが、非常に大事になります。そのための機能が「活動レポート」です。

これは、プロジェクト実行者が、新製品や新店をつくっているプロセスを支援者に活動レポートとして随時、報告できる機能です。プロセスのオープン化機能と言ってもいいでしょう。

活動レポートを見た支援者は、さらに応援したくなりますし、応援コメントや意見を書くこともできます。活動レポートは、支援者に安心感を与えるとともに、支援者の応援熱量を増やすことにもつながります。

逆に、プロジェクトが終わった途端、ものづくりのほうが忙しくなり、支援者とのコミュニケーションをおろそかにしてしまうプロジェクト実行者もいます。何の活動レポートもないと、支援者の熱も冷めていきますから、いざ新製品が完成して届けても、受け取った支援者ががっかりしてしまうケースもあります。応援の期待値が大きかった分、落胆も大きくなってしまうのです。

活動レポートによって進捗を報告している場合と、報告していない場合とでは、製造上の思わぬトラブルが起きて進捗に遅れが生じたときの、支援者の印象がまるで違います。

活動レポートを書く、書かないで、支援者に対するプラスとマイナスの振れ幅が非常に大きくなってしまうのです。

極端に言えば、活動レポートを書けば書くほど、支援者との距離が縮まり、ファンの熱量も増え、ロイヤルカスタマーに近づくのに対して、活動レポートに何も書かなければ、支援者との距離は遠のき、ファンの熱は冷め、新製品を届けるころにはファンでなくなっていると言っても過言ではないくらいです。

活動レポートで、デザイン案を3パターン見せて、どれがいいかを支援者に聞くということをやったプロジェクト実行者もいたほどです。

大切なのは、さまざまな情報を支援者に提供し、とにかくコミュニケーションの量を減らさないことです。支援者になってもらっただけで「点」で終わらせるのは、もったいないことですし、活動レポートを書くことで「線」にすることは難しいことではありません。

活動レポートを促す自動メールをプロジェクト実行者に送るシステムがあったり、定期的にキュレーターから活動レポートを促すようなこともしていますが、この実行者と支援者のコミュニケーションを更に楽しくする機能をブラッシュアップしていくことで、どんどんコミュニケーションしてもらうようにしていきたいと思っています。

▼実行者も、支援者も、リピートが急増中

リアルな売り場にもＭａｋｕａｋｅの販売ブースがありますので、希望者はここでプロジェクトを行った新製品を販売することができます。

また、ＭａｋｕａｋｅストアというＥコマースサイトもあるので、そこで継続的に販売することもできます。

新製品を支援者に渡したあとも、プロジェクトのページはなくなりませんから、そこで支援者とコミュニケーションを続けることもできます。長くコミュニケーションを続けることで、２回目、３回目のプロジェクトの成功確率が上がります。

実際、２回目、３回目のプロジェクトを行うプロジェクト実行者が増えています。

また、「アクティブ支援者」と呼んでいる２回以上プロジェクトを支援した会員も急増しており、全体の半分にまでなりました。

プロジェクトの実行者も支援者も増えており、Ｍａｋｕａｋｅのファンが増えていることは間違いありません。これも、日本の他のクラウドファンディングサイトとの大きな違

いです。

知り合いを援助する場合は、それ1回きりですが、Ｍａｋｕａｋｅの場合は、「人」に対する支援ではなく、「アイデア」に対する支援なので、また面白いと思うアイデアがあれば、支援者になってくれます。

面白いアイデアを求める人や面白いアイデアを支援・応援したい人が、だいぶ増えてきたなと実感しています。


以上が、プロジェクトを成功させるための主なポイントやノウハウになります。紹介できなかったものも、もちろんあります。また、ノウハウも日進月歩で進化していますので、新たな方法も次々生まれています。今後、「プロジェクト実行者」となって体感していただければと思います。

おわりに

2017年8月7日で、Makuakeのサイトは、オープンから4年が経ったのですが、とにかく驚いています。

何に驚いているかと言えば、日本の底力に。

サービスを開始した当初は、日本全国津々浦々で活用されるのはもっと先だと思っていました。また、正直なところ、面白いアイデアは都市部からしか出てこないだろうと想定していました。上場するようなスタートアップが東京に集中していたからです。

蓋を開けてみると、地域に関係なく、ジャンルも関係なく、面白いアイデアが絶え間なく山ほど出てきています。

地方の過疎化や人口減少、高齢化など、危機的な情報ばかりが耳に入ってきますが、その一方で、その地域の特性を生かした技術や産業があり、そこにはいろいろなアイデアもあり、そのアイデアを実現しようとするチャレンジングな企業もたくさんあります。

もしかしたら、私たちMakuakeのサービスは、もはやクラウドファンディングという範疇に収まらない活用方法になっているのかもしれません。そういった日本中の新しいアイデアを実現したい人たちのチャレンジのリスクを下げ、チャンスをつかむツールとして、もっともっと広まって欲しいと思っています。

クラウドファンディングは、フィンテックでもあり、リテイルテックでもあります。金融革命でもあり、流通革命でもあります。

量産する前に製造資金が集められるという点では金融革命だと言えるでしょう。

流通革命ということで言うと、1次流通で楽天市場やアマゾン・コムやZOZOTOWNが大きくなり、2次流通でヤフオクやメルカリが大きくなりましたが、クラウドファンディングはその一つの側面として、「0次流通」と定義できるかもしれません。

1次流通に新製品が出てくる前の段階を担っているので、0次流通という新しい領域なのです。現在、日本の小売販売額は約140兆円（経済産業省「商業動態統計調査」平成27年）ありますが、例えばその数%が初期生産ロットの新製品販売だとすると5兆円前後の市場規模があります。ということは、0次流通が数兆円の規模になる可能性は十分にあるのです。

現在の流通でも予約販売という形態があります。ゲームソフトやゲーム機器、映画やコンサート、スポーツのチケットなどが予約販売で買えますが、これらも0次流通だと考えれば、0次流通の市場規模はもっと大きいかもしれません。

どちらにしても、Ｍａｋｕａｋｅによって新製品が今よりも出しやすい環境をつくれれば、今後、0次流通のシェアがより大きくなることだけは間違いないと思います。

この0次ステップが新たに誕生することで、実際に商品が既存流通に乗った際の売上が高くなっているデータも出てきています。

まさに流通展開後のためのブースト機能になっていることも既存の百貨店や量販店が組んでくれている理由だと思いますし、日本の消費経済の活性化にもつながると考えています。

「眠れる日本を目覚めさせること」

それが、Ｍａｋｕａｋｅのミッションです。日本の強みが何かと考えてみると、本当にいろいろあることに気づきます。

たとえば、日本全国で1年間に研究開発費として19兆円もの大金が投入されています。

それによって、未来を変え得るすごい技術――スーパーテクノロジーが生まれています。

一方で、何百年も継承されてきた伝統ある技術もあります。

「世界的偏差値」の高いアニメというコンテンツもあります。

そういったものが、Ｍａｋｕａｋｅをきっかけに世界に羽ばたいていけるようにしたい。

そのために必要なことを今後も仕掛けていきたいと思っていますし、すでにその準備に入っています。

また、現在の支援者は、30代、40代が多いのですが、50代や60代の人たちにも魅力的なサービスにしていきたいと思っています。そうすることで、ヘルスケアや介護、医療の領域の新製品をつくりたい企業とのマッチングができるようになります。

シルバー世代とその予備軍は人口も多いので、Ｍａｋｕａｋｅが成長するための大きな余白が残っていると思っています。

現在は、「つくりたい人」と「つくって欲しい人」をマッチングする仕組みですが、今後は、いろいろなものをマッチングしていきたいとも考えています。

たとえば、「つくりたい人」と「売りたい人」をマッチングすることもできますし、「つくりたい人」と「つくるのを手伝いたい人」をマッチングすることも可能です。

新しいことを始める際に必要な「ヒト」「モノ」「カネ」「情報」「ノウハウ」など、すべてをマッチングできるようなサービスにしていきたいのです。しかも、それを日本国内だけではなく、世界の隅々まで広げていければと考えています。

世界で一番新製品プロジェクトや新しい事業が生まれてくる場になりたい。Ｍａｋｕａｋｅがそうなることで、これまでなら生まれなかった製品や事業が生まれるようになり、もっと世界が良くなるのではないかと思っています。

４年前には、クラウドファンディングのノウハウもサイトのパワーもありませんでしたが、現在はノウハウも蓄まり、サイトのパワーもついてきました。世界に飛び出すタイミングは近づきつつあると感じています。

私は、海外でベンチャーキャピタルをやっていたので、どういうタイミングがいいのか、どの国から始めるのがいいのか、必要な強みは何か、そういったことが、少しはわかっているつもりです。

一時期、日本の企業は、単純な事業規模の拡大のために海外進出を行い、巨額な投資を行いましたが、どの企業もうまくいきませんでした。それがなぜかと言えば、その国に進出する本質的な理由がなかったからです。

世の中的に必要とされるタイミングで進出しないと、海外進出はうまくいきません。

日本にいろいろな技術が埋もれているように、世界にもいろいろ技術が埋もれていると思います。国それぞれに強みがあり、その国の強みを活かした新製品をつくりたい人がいると思います。

たとえば、ベトナムでモーターを活用した新製品をつくりたい人と、それを支援したい世界中の人たちをマッチングするといったような、地球規模で隅々まで強みが発揮できる時代をつくりたいと思っています。

私たちのビジョンである「世界をつなぎ、アタラシイを創る」を実現するために、私たちＭａｋｕａｋｅのチャレンジはこれからもまだまだ続きます。

中山亮太郎

〈著者略歴〉
中山亮太郎（なかやま・りょうたろう）
1982年東京生まれ。慶應義塾大学卒業。2006年に株式会社サイバーエージェントに入社後、社長アシスタントやメディア事業の立ち上げを経て、2010年からはベトナムにベンチャーキャピタリストとして赴任し現地のネット系スタートアップへの投資を実行。2013年に日本に帰国後、株式会社サイバーエージェント・クラウドファンディングを設立し代表取締役社長に就任。同年クラウドファンディングサービス「Makuake（マクアケ）」をリリース。
2017年10月、株式会社マクアケに社名変更。現在、同社代表取締役社長。

日本最大級Makuakeが仕掛ける！
クラウドファンディング革命
面白いアイデアに１億円集まる時代

2017年11月６日　第１版第１刷発行

著　者　中山亮太郎
発行者　後藤淳一
発行所　株式会社ＰＨＰ研究所
東京本部　〒135-8137　江東区豊洲5-6-52
第一制作部　☎03-3520-9615（編集）
普及部　☎03-3520-9630（販売）
京都本部　〒601-8411　京都市南区西九条北ノ内町11
PHP INTERFACE　http://www.php.co.jp/
組　版　朝日メディアインターナショナル株式会社
印刷所　図書印刷株式会社
製本所　株式会社大進堂

ISBN978-4-569-83691-1

PHPの本

活躍する人のセオリー
強みを活かす

曽山哲人 著

急成長会社の社員が、楽しく、にこやかに働いている謎を解き、「21世紀型・人財マネジメント」のモデルケースを提案した書！

〈新書判〉定価 本体八七〇円（税別）